プロレスとアイドル

東京女子プロレスで交錯するドキュメント

小島和宏

太田出版

Pro-WRESTLING & IDOL

Maki Itoh　Mizuki　Miu Watanabe　Yuki Arai

伊藤麻希

瑞希

渡辺未詩
アップアップガールズ（プロレス）

荒井優希
SKE48

UUG(P)

LOVE PRO WRESTLING

WRESTLE

シマダヤ

PRINCESS

プロレスとアイドル

東京女子プロレスで
交錯する
ドキュメント

小島和宏

もくじ

はじめに
アイドルとプロレスの親和性を実証するための10年間

アイドルとプロレス。

一見、無関係のように思えて、じつは極めて親和性の高いジャンルである。

ぼくは1990年代に『週刊プロレス』の記者としてプロレスを、2010年代以降はアイドルを取材対象として精力的に追いかけてきた。幸いにもどちらのジャンルでも、大きなブームが巻き起こる瞬間に立ち会うことができたけれども、それだけに一度は東京ドームまで到達した女子プロレスが長らく人気低迷状態に陥っていたことが、ずっと胸につかえていた。

2010年代、AKB48グループの快進撃で幕を開けた空前のアイドルブームでは、かつてプロレスファンだった人たちが大量にアイドルの現場に流入してくる、という面白い現象が起きた。

格闘技ブームに押されて、プロレスが「冬の時代」に陥ってしまったとき、格闘技に興味を持てない人たちは行き場を失った。プロレスに近い楽しみ方ができるエンターテインメントを探していたらアイドルに出逢ってしまった、というケースはびっくりするほど多い。

ぼくは中学生のころから、プロレスとアイドルの「兼ヲタ」だったので、その流れにすんなりと乗れた。同じような人たちと雑誌でアイドルについてプロレス的に語る記事を書いていたら、それが想像以上の反響を呼び、編集部から「かつての『週プロ』のテイストでアイドルのライブレポートを書いてもらえないか?」というオファーを受けて、そのまんまの記事を出したら、もともとプロレスファンだった読者に好評を博し、いつしか「活字アイドル」がぼくの本業になっていった。

思わぬ波及効果で、そんな記事を読んだ人たちが、またプロレスの会場に戻っていく、という動きも見られた。ありがたいことではあったが、本心をいえば、いままでプロレスに興味がなかった生粋のアイドルファンをプロレス会場に呼び寄せることができれば、というのがこの仕事をしていく上での悲願だった。少しでも新規ファンを開拓したい。その受け皿として女子プロレスは最適だと思っていたのだが、そう易々と事は進まなかった。

そんなタイミングで旗揚げしたのが東京女子プロレスだった。これまで新団体を旗揚げするとなったら、他団体から選手を引き抜いたり、かつて活躍していた選手を復帰させたりして人材を確保するのが定石だったが、東京女子プロレスは違った。ゼロから新しいものを創っていく、という心意気。そして、アイドルやタレントからの転身組がたくさんいることに興味を持った。

実際、旗揚げ当初、何回か会場に足を運んでいるのだが、そのまま定期的に取材するまでには至らなかった。皮肉なことに、ちょうどアイドルの取材が最高潮に忙しい時期で、東京女子プロレスの興行がおもに開催される週末は、アイドルのライブやイベントでほぼスケジュールが埋まっており、会場に足を運ぶことすら難しくなってしまったのだ。

さらに大きなネックがあった。取材をしたところで、記事を掲載してくれる媒体がなかった。本当にびっくりするぐらい「女子プロレス？ ダメダメ」と門前払いされまくった。女子プロレスが好きな編集者すら「趣味と仕事は別。読者のニーズがないから、載せるのは厳しいんですよ」。これが冬の時代の悲しき実情、である。

しばらくは傍観者として、東京女子プロレスを眺めてきたのだが、はじめて後楽園ホールに進出する際、お声がけいただいた。まだまだ完成形とはいえなかったが、パッケージとしてかなり面白い興行だった。

試合後、別の取材ですぐに移動しなくてはならなかったので、電話で高木三四郎大社長に感想を伝えた。

「めちゃくちゃ面白かったです。東京女子プロレスの目指している方向性は正しい！」

素直に口にした褒め言葉のつもりだったが、電話口の高木三四郎は一瞬、沈黙し、珍しく声を荒げて、こう言った。

「正しい？　我々はね、間違ったことをしているなんて、一度も思ったことはないですよ！」

ハッとした。

新しい女子プロレスの在り方に理解を示している、というのが自分のスタンスだと思っていたのだが、無意識のうちにかつての全日本女子プロレス的なスタイルこそが王道であり、それ以外のやり方は異形なものとして評価していた。そうでなかったら、わざわざ東京女子プロレスに対して「正しい」などという評価はしないだろう。

ぼくは激しく恥じた。

もっと真正面から東京女子プロレスと向き合おう、と思ったが、前述の理由から足繁く会場に足を運ぶことは難しく、ビッグマッチぐらいしか顔を出すことはできなかったのだが、２０１７年に『アイドル×プロレス』（ワニブックス）という本を出版するときには高木大社長にご登場いただき、東京女子プロレスのこと、当時、オーディションがはじまったばかりだったアップアップガールズ（プロレス）のことを熱く語っていただいた。

当時はアイドル本の企画が通りやすかったから、こうやって、うまいこと女子プロレスを絡めていったり、アイドル雑誌ではアイドルと女子プロレスラーの対談を何度も組んだ。女子プロレスの企画は通らなくても、対談の相手がトップアイドルだったら話は違った。そうやってアイドルブームに乗じて、女子プロレスを世間に向けて発信することぐらいしか、ぼくにはできなかった。

しかし、状況は一変する。

突然、襲いかかってきたコロナ禍により、エンターテインメント業界は大打撃を受けた。予定されていたコンサートやイベントはすべて延期となり、その延期したスケジュールすらもパンデミックで中止に塗り替えられた。

何年ものあいだ、あんなに忙しかった週末が２０２０年３月から、まったくの暇になってしまったのだ。

そんなときでも、プロレス界だけは動いていた。無観客ながらも試合を再開し、配信で中継していたのだ。そしてＳＫＥ48から荒井優希が東京女子プロレスに参戦。彼女について書いてほしい、というオファーが舞い込むようになった。

女子プロレスの記事はちょっと……という媒体も気が付けば、すっかり減っていた。女子プロレスを取り巻く状況は、令和になって大きく変わった。週末が暇になったぼくは東京女子プロレスの会場に足繁く通うようになった。「アイドルとプロレス」について書いてきたぼくにとって、いま書かなくてはならないテーマが東京女子プロレスのリングには山ほど詰まっていた。旗揚げから8年以上経ってしまったが、ようやく、ぼくはこのリングにたどり着いた。

じつは2023年1月からWebで女子プロレスの連載を月イチでスタートさせる予定だった。当初はあらゆる団体のあらゆる選手をインタビューで毎月、掘り下げていく企画で、第1回目はぼくのたっての希望でアップアップガールズ（プロレス）の渡辺未詩に登場してもらっている。

だが、この連載企画は続かなかった。いや、月イチで女子プロレスについて書く枠は残っているのだが、東京女子プロレスの、もっといえば荒井優希のいまを追いかけていくことでいっぱいいっぱいになり、完全にそちらに舵を切ることになったからだ。

それでも書ききれないことが多すぎて、ならば、と動き出したのがこの書籍の企画だった。ここ数年、ほぼ毎年のように平成初期のプロレスについてまとめた書籍を出版してきた。そんな本が書けるのは、あのころ、『週刊プロレス』誌上で毎週、何十ページと記事を作り、毎日のように取材してきた、という財産が残っているからだ。

じゃあ、彼女たちのことも30年後に本を書けばいいのか？　となると、さすがにそれは違う。いま本にして、たくさんの人に読んでもらいたいし、2024年というのは、その絶好のタイミングだと肌で感じてもいた。

最初はもっとたくさんの選手が出てくる一冊にするつもりだったのだが、その結果、やっぱり書きたいことが書ききれなかった、となってしまったら本末転倒だ。
そこで現アイドル、元アイドルというバックボーンを持つ選手だけに絞りこんだ。

伊藤麻希
瑞希
渡辺未詩
荒井優希

多くの選手をぼくは東京女子プロレスより前に、アイドルの現場で知っている。そんなことも含めて現在・過去・未来を深掘りしていこう、と。できることならば、いま、女子プロレスに興味がない人たちにも刺さるドキュメントにしたい。
それでも、この4人に絞りこむことは偏っているとは思うのだが、あの日、あの場所でこの4人の「ゼロ地点」を目撃してしまったことで迷いはなくなった。この本の物語はその日……2023年2月21日から幕を開ける。

第0章

昭和のプロレスが終わった日、東京ドームで「令和の新しい女子プロレス」が始まった

昭和と平成の「最終回」でも、これで終わったら困る！

2023年2月21日。

「日本プロレス史上最大の夜」と銘打たれたプロレスリング・ノアの東京ドーム大会。メインイベントは武藤敬司の引退試合。史上最大の夜の看板に偽りはなく、夢のような闘い模様がリング上で展開された。

ずっとプロレスを好きでいてよかったな、とちょっと誇らしげな気持ちになれたし、90年代のドームプロレス黄金時代、すなわち武藤敬司の最盛期をリアルタイムで体感できたことに感謝し、なによりも最大の夜を東京ドームで味わえたことに感涙。平成が終わった、とまでは言わないけれど、間違いなく90年代プロレスの「最終回」がそこでは展開されていた。

一緒に観戦していた知人から「我々は闘魂三銃士とは最初から仕事で接してきた世代だから、そこまでウェットにはならないよね？（アントニオ）猪木さんが亡くなったときは、とてつもない喪失感があったけど」と言われたが、じつをいうと、ぼくはめちゃくちゃウェットになっていた。

たしかに闘魂三銃士とは仕事で接してきた世代だが、武藤敬司だけはちょっと違う。彼がスペース・ローンウルフとして凱旋帰国をはたしたとき、まだ、ぼくは高校生だった。だから武藤敬司にはゴールデンタイムで試合を見ていたスターのイメージがしっかりと刻まれている。

正直な話、『週刊プロレス』の記者時代はほとんど武藤敬司との接点はなかった。インディーと女子プロレスを担当していたぼくに、IWGPチャンピオンは遠すぎる存在だった。

それが不思議なご縁というか、ももいろクローバーZがらみで何度となく現場で一緒になり、ちょいちょい取材をさせてもらう関係性になった。それはラストマッチの相手になった蝶野正洋も同様で、『週プロ』を離れてから、ガッツリと仕事をさせていただくようになった。

だから、もう最後はボロボロ泣きながらリングを見つめていたのだが、これですべてが終わってしまっては困るのである。

武藤敬司のラストファイトを見るために、東京ドームにはかつてプロレスに熱狂していたファンがたくさん戻ってきてくれた。そのお客さんたちに「またプロレスを見てみようかな」と思わせ、令和に新たな黄金時代を築くきっかけを作ることが、この日、出場した選手たちに課せられたミッションでもあるからだ。

そんな中でぼくがもっとも期待していたのが東京女子プロレスだった。

壮観……現アイドルと元アイドルが、ド揃い踏み！

1990年代に巻き起こった女子プロレスブーム。この日、久々に戻ってきてくれたファン層はおそらく、それ以降の女子プロレスを見てきていない。新しい「令和の女子プロレス」を見せつけ、強烈にアピールする格好のチャンスだ。

新しい、というのは試合のスタイルだけを指すのではない。対戦カードは8人タッグマッチ。坂崎ユカ、山下実優、中島翔子、辰巳リカという団体の礎を作ってきた歴代のチャンピオンたちがチームを作ったのだが、反対側のコーナーに立つ4人にはある共通項があった。

それは「全員がアイドル経験者」ということ、である。過去の女子プロレスブームではあり得なかった現象だ。

もはや説明するまでもないだろうが、荒井優希は現役のSKE48メンバー。超メジャーアイドルグループのメンバーだけに彼女が動けば、すぐにネットニュースになる。話題先行と思われがちだが、2022年には赤井沙希と組んでタッグ王座を獲得。もはや立派なプロレスラーだ。

この1カ月後、団体最高峰のベルトを巻くことになる瑞希は、東京女子プロレスに加入する以前は、プロレスラーとしての活動と並行してアイドルのライブにも出演してきた、という意外なルーツを持っている。

異色なのは伊藤麻希だ。彼女は九州を拠点とし、人気を集めていたアイドルグループ・LinQのメンバーだった。当時から東京女子プロレスのリングに参戦していたが、グループ再編により、卒業を余儀なくされると「クビになったアイドル＝クビドル」としてリングで狂い咲く。はじめこそスベっていたが、いまやアメリカでも大人気の「新時代のカリスマ」に登り詰めた。これだけアイドル出身のプロレスラーが活躍できているのは、彼女が新たな道を開拓してくれたからである。

そして渡辺未詩はプロレスラーとアイドルの活動を同時にスタートさせ「プロレスラーで武道館のメインイベント、アイドルとして武道館で単独ライブ」をぶちあげてスタートしたアップアップガールズ（プロレス）の立ち上げメンバーだ。

現役のAKB48グループメンバーからクビドルまで。

この4人のバックボーンから東京ドームのリングに立つまでの道のりを記すだけで一冊の本になってしまいそうな濃密すぎるドラマがあるな、と花道を歩く姿を見て思った。それがこの本を書くきっかけ、である。

4人が並んでいるだけで、リング上はアイドルフェス状態！　もっともアイドルとして東京ドームには立ったことはないわけで（荒井優希はナゴヤドームの経験アリ。まさにアイドルとしては別格のメジャーリーガーなのだ！）、そういう視点で眺めると、なんとも感慨深いものがある。

プロレスが「冬の時代」に突入したとき、未曾有のアイドルブームがやってきて、幾多のアイドルが東京ドームをフルハウスにした。

その波に乗ることができなかったアイドルたちが、プロレスラーとして東京ドームのど真ん中に立つ。こんな大河ドラマ、なかなか見られるものではない。

令和の新たなる歴史、開幕。だが、ここはまだゼロ地点にすぎない

もっとも東京ドームのリングに立つ、といっても彼女たちの試合はメインイベントではない。

17時からの試合開始に先駆けて行われる、いわゆる「第０試合」。だから、まだ照明もしっかりと組まれておらず、客席も明るいまま。

しかも第０試合のスタートは午後４時。週末ならまだしも平日（火曜日）の夕方早い時間だ。チケットは売れているとはいえ、この時間には間に合わない人も多いだろうし、かなり客席がザワザワした中での試合になることが予想された。

しかもリングの音を拾うマイクが設置されていないようで選手の声も、レフェリーがリングを叩くカウント音さえも客席には届かない（PPVではしっかりカメラが音を拾っていたので、観戦して感じるものはまったく違うものになっていたと思う）。なかなか厳しい環境下になるはずだった。

しかし、そうはならなかった。なぜかというと、この時点で想像以上に客席が埋まっていたからだ。みなさん有休休暇などを駆使したのだろう。この「祭り」をめいっぱい楽しもうと早い時間から来場し、第0試合のときはかなりの確率で着席していた。そういう心意気だから、しっかりとリングを注視してくれる。

特段、派手な演出はなかったが、入場ゲートにあるNOAHの大きな電飾が、この試合だけはコーポレートカラーのエメラルドグリーンではなく、鮮やかなピンクにライトアップ。女子プロレスらしい彩りにドームがつつまれた。

この日は不織布マスクを着用していれば声出しOK。ただ、3年間も黙って観戦する習慣がついてしまっているので、なかなか声を出しにくい。

そんな状況を打ち破ったのは伊藤麻希だった。

タッチを受けてリングに入ると、なぜか、その手にはマイクが。入場してすぐにリングアナからマイクを奪うのならわかるが、わざわざ用意していたのか？

「世界でいちばんかわいいのは？」

コーナーポストに昇って、客席にそう問いかける伊藤。じつはコレ、東京女子プロレスのリングでは「お約束」のアクション。観客が「伊藤ちゃーん」とレスポンスするまでがワンセットになっている。

しかしながら、ここはプロレスリング・ノアの会場。彼女たちを知らない観客が大多数を占めている。客席がシーンとなってしまう危険性もあった。そうなったら、かなり寒い。まさに大バクチである。

だが、客席からは「伊藤ちゃーん！」の声、声、声！　さすがに3万人の大合唱とはいかないが、それでも数百人、なんなら千人単位で叫んでいるように聞こえた。ドーム内の風向きが明らかに変わった。いや、確実に伊藤麻希が風穴を空けた！

まったく女子プロレスを見ない人たちは、一連のやりとりを見て、思わず笑う。そう、みんなが無意識のうちに声を出してしまったのだ。コロナ禍で染み着いてしまった影響を洗い流し、自然に声を出せる状況を作り出した伊藤麻希は、この試合のみならず、今大会の裏ＭＶＰと言っても過言ではない。

声を出しやすくなった観客は、すぐさま「おーっ！」と驚きの声をあげることとなる。渡辺未詩の超高速ジャイアントスイングは、伊藤麻希が開けてくれた風穴を、さらにドーム全体まで拡散させた。ドーム級の大技、と表現することがあるが、実際にドームで通用するだけの衝撃だったのだ。正直、武藤敬司引退試合の余韻で観客の記憶から掻きけされてしまうのでは、と思っていたのだが、翌日になっても絶賛の声は止まらなかった。これはすごい話である。

この試合は無料配信されていたので、すぐさまSNSでも話題になった。「この子、すごいな!」「馳浩を超えた!」。ここにはいささかのラッキー要素もあった。ついさっきまで配信されていた事前番組に出演していた神奈月が、馳浩になりきってトークを展開。多くの人が「あぁ、今日はホンモノの馳先生（現・石川県知事）は来ないんだな」と気付き、馳の代名詞であるジャイアントスイングを頭に思い描いたばっかりだったのだ（事前番組はドームのビジョンでも流されたので、観客も視聴していた）。ノスタルジックな記憶を凌ぐ、現在進行形の高速回転インパクト。さらに対戦相手を2人まとめて投げ捨てる超絶ボディースラムの凄技にドームはどよめきまくった。

たった2つの技で3万人を沸かせ、完全にプロレスラーとして認知された渡辺未詩。武藤敬司が呼び戻してくれた観客に支持された、という意味合いはとてつもなく重くて、大きい。

おそらく、ほとんどの観客は渡辺未詩が現役バリバリのアイドルであることを知らない。それを知ってくれていたら、もっと驚きの声がドームに広がっていたのに、と思う一方で、なんの予備知識なしでも、これだけ観客を熱くさせることができたことに、プロレスラーとしての凄みを感じずにはいられなかった。

瑞希は活字では表現不能な超難度テクニックの「渦飴」で沸かせた。注目度が高かった荒井優希は惜しくも破れたが、それ以上に坂崎ユカが放った、魔法少女にわとり野郎（トップロープからのファイヤーバードスプラッシュ）の華麗さと説得力にドームは大きな拍手に包まれた。

とはいえ、荒井優希のキャリアの浅さを考えると堂々たる闘いっぷりだった。トップアイドルとして大観衆の前に立つことに馴れているから、場の空気に飲み込まれない。これは大きな武器だ。

試合後、彼女たちは口々に「いつかは東京女子プロレスとして東京ドームで試合をしたい」と話した。

女子プロレス史上、最初で最後となってしまっている東京ドーム大会がおこなわれたのは１９９４年11月20日。もうすぐ、あれから30年が経とうとしている。もう二度と実現しないのでは、と思っていたが、この日、チラッとではあるが現実味を帯びた。日本プロレス史上最大の夜のちょっと前、夕闇に輝いたのは東京女子プロレスの選手たちだった。

そう、これはまだゼロ地点にすぎない。

これからはじまっていく令和の新たなる歴史の主役たちは、いかにして東京ドームにたどりつき、ここからどこへ向かっていくのか？　まずはＳＫＥ48・荒井優希のプロレスラーとしての歴史から紐解いていきたい。

第1章　荒井優希

ひょんなことからアイドルになり、なんとなくプロレスラーになった……。令和の二刀流を生んだ「意外性」の物語

Yuki Arai

1998年5月7日生まれ。SKE48のメンバーとして活躍しながら、2021年5月からプロレスに本格参入。東京スポーツ新聞社制定「2021年度プロレス大賞」、週刊プロレス制定「プロレスグランプリ2021」の各新人賞をダブル受賞し、プロレスに真摯に取り組む姿勢が評価されている。

ＳＫＥ48の現役メンバーがプロレスラーになった令和の奇跡

アイドル兼プロレスラー。

荒井優希の肩書を簡単に書けば、たった一行で終わってしまうが、今、彼女が立っているポジションをていねいに説明しようとしたら、おおげさではなく、一冊の本を書きおろさなくては尺がたりない。

これまでもアイドルや有名なタレントがプロレスに参戦するケースは多々あった。ただ、そのほとんどがビッグマッチに数回だけ出場するスポット参加であり、数年に渡って、プロレスを続けたというケースはほとんどない。

そもそも、この本に登場する４人のプロレスラーは全員が「元アイドル」もしくは「現アイドル」。令和の時代、プロレスラーの前歴がアイドルというのは決して珍しくないし、グラビアアイドルや女優の経験者も含めた、もはやプロレスラーの〝供給源〟としては芸能界がもっとも多い、と言っても過言ではない。日本中からスポーツエリートが集結した昭和の女子プロレスとは、なりたちからして、まったく違うジャンルになりつつあるのだ。

その中でも荒井優希は、やはり輝きが違う。

ＳＫＥ48の現役メンバー、という金看板。

国民的アイドルグループに在籍している、という事実はアイドル界における「メジャーリーガー」ということ。常識で考えたら、プロレスラーと兼業するなんてありえない話なのだ。そんなありえないことが現実のものになってしまうのが、プロレスという自遊空間の面白みでもあるのだが、それにしたって前代未聞の出来事すぎるのである。

だからこそキャリアはいちばん浅いが「プロレスとアイドル」を論じるこの本では、荒井優希をトップに持ってくる必要があった。

何度でも書くが、国民的アイドルが定期的にリングに上がって、週末のたびに顔面を蹴られたり、マットに叩きつけられたりしていることは、本当にありえない話であり、令和の奇跡と称しても過言ではないのだ！

しかし、ここに辿り着くまでの物語は、ちょっと拍子抜けしてしまうぐらい、ドラマティックさとは縁遠い「偶然」の繰り返しだったりする。これもまた令和という時代ならではの現象なのかもしれないが、それ以前の話として、荒井優希というプロレスラーが、これまでのプロレス界の常識とは無縁のところから生み出されたことが強く影響している。そしてなによりも、荒井優希はプロレスラーとして、それこそ現役最強級に「つかみどころがない」という特異性を持っている。取材を続ければ続けるほど、よくわからなくなる……じつはこれこそがプロレスラーとして追いかけたくなる最大の魅力なのかもしれない。では、アイドルになったルーツまで遡っていこう。

あえて「遠くでアイドルに」なりたかった理由

荒井優希がSKE48に加入したのは2013年11月10日のこと。

通常は各グループが公募をかけるオーディションを受け、合格者は研究生となり、そこから正規メンバーに昇格していく、というのがAKB48グループの仕組みなのだが、荒井優希はこのルートには乗っていない。

なぜならば、この年からスタートした「AKB48グループ・ドラフト会議」にてSKE48・チームKⅡから指名されて加入したからだ。

ドラフト会議はわずか3回で終了してしまい、もう開催されていないので、少し説明しておいたほうがいいだろう。

システムはプロ野球のドラフト会議とまんま同じ。各グループの各チームが欲しい人材を1位から順に指名。もし指名が被ってしまった場合は、その場でくじ引き抽選をおこなって指名権を争う、というおなじみのアレである。

ただ、プロ野球と違って全国の中学や高校にアイドル部があるわけではないので、候補者をスカウトが見つけてくることは不可能。その部分に関してだけはちょっと違って、AKB48グループに入りたい、という女の子にオーディションを受けてもらい、そこから3

回の審査によって絞りこみ、最終的に残った29人の候補者の中から各チームが指名していく、という段取りだった。

この時期というのは平成のアイドルブームのピークとも呼べるころであり、日本中に何万人、いや何十万人単位で「AKB48グループに入りたい！」という女の子が存在していた。女性アイドルのファンといえば男性がほとんど、という印象があるかもしれないが、ブームを超えて社会現象にまでなると、女性ファンも増え、私もメンバーになりたい、という層も形成されていく。そう、次の世代のスターが自然と生まれてくるのだ。

ドラフト会議にエントリーをした荒井優希だったが、別に「どうしてもアイドルになりたい！」という強い意志をもっていたわけではなかった。

「たまたま友達に誘われて、京セラドーム大阪にAKB48のコンサートを見に行ったんですよ。そのころ京都に住んでいたので、京セラドームがいちばん近かったから。そのコンサートの中でドラフト会議をやりますっていう告知があって、へぇ～、面白そうだな、と思って応募してみたんです」

資料を調べてみると、たしかに2013年8月8日に京セラドームで開催されたコンサートにおいて、はじめてドラフト会議開催がアナウンスされている。本当にたまたま荒井優希はその場に居合わせたわけで、これがドームツアーの違う会場で発表されていたら、今の彼女は存在していないかもしれない。

ドラフト会議だから、どのグループから指名されるかわからない。ただ、そこにはちょっとした救済措置もあったという。

「応募するときにどのグループに入りたいかを書く欄があったんです。第1希望から第4希望まで書くことができたんですけど、普通に考えたら家に近いグループを希望するじゃないですか？　でも私はあえて家から遠い順に書いたんです。いちばん遠い東京のＡＫＢ48が第1希望で、次に遠い博多のＨＫＴ48が第2希望。次に名古屋のＳＫＥ48が来て、地元・関西のＮＭＢ48を最後にしました。

やっぱり自分を変えたいというか、そのころの環境を変えたかったんですよね。せっかくアイドルになるなら、地元を離れて遠くに行きたかった。もしドラフトで選ばれなくても、きっと私、アイドルにはなっていたんだと思うんですけど、そうなった場合でも地元を離れて活動していたと思います」

つまり、ひょっとしたらＡＫＢ48やＨＫＴ48に指名されていた可能性もあったのだ。そうなったら、また違った運命が待っていたのかもしれない。

「そうですね。そうなっていたら、きっとプロレスはやっていないと思います。ＳＫＥ48に指名されたからこそ、こうやって自由に活動させていただけているし、プロレスとの接点もできたと思うので、まぁ、当時は賛否両論ありましたけど、指名されて本当によかったと思っています」

ここでいう賛否両論とは、ＳＫＥ48チームＫⅡの「ドラフト戦略」だった。

初回だったこともあり、各チームとも慎重に指名をおこなった結果、ＳＫＥ48以外は２巡目までで指名を終了。４つのチームは1人だけ獲得して、それで終わりにしていたのだが、ＳＫＥ48のチームＫⅡとチームＥだけは、なおも指名を続けた。ちなみにここに関しては特に規定は設けられておらず、候補者が残っているあいだは何巡目まででも指名を続けてＯＫだったので、賛否両論あろうとも、けっしてルール違反ではない。

結局、最後まで残ったチームＫⅡは５巡目まで指名を強行。他のチームはもう参加していないので重複指名の心配もなく、指名権は取り放題。その中で荒井優希は４巡目で指名されている。チームＫⅡのドラフト戦略がなかったら、ＡＫＢ48グループ入りへの道は閉ざされていたわけで、まさに彼女にとって大きな大きな運命の分岐点だった。

２０２３年11月10日。

荒井優希はアイドルになってから10周年を迎えた。

当日は同期の松本慈子、福士奈央と一緒に記念配信をおこなったが、じつは第1回ドラフト会議で指名されたメンバーで、現在も現役を続けているのはこの3人しかいない（ＡＫＢ48・チームＫから2巡目で指名された下口ひななは２０２４年1月での卒業を発表、福士奈央は２０２４年４月での卒業を発表）。先見の明があったのか、３人がアイドルとして粘り腰だったのかはわからないが、アイドルにとってドラフト会議は必要だったかどうかのジャッジはある意味、この3人に託されていると言っていいかもしれない。

ファンとの強くて深すぎる「絆」

こうしてSKE48のメンバーとなった荒井優希だったが、シングルの選抜メンバーになるまでは、結構、時間がかかっている。

初選抜は2018年12月にリリースされた『Stand by you』だから、加入から5年ちょっとの時間が経過している。

ちなみにぼくがSKE48の取材を定期的にしていたのは、その前のシングル『いきなりパンチライン』まで。定期的といってもシングルがリリースされるたびにメンバーのインタビューを雑誌に掲載するぐらいの立ち位置だったので、基本的に選抜メンバーの取材しかしていない。つまり、アイドルとしての荒井優希はコンサートなどで見ることはあっても、アイドルとして単独取材をしたことは一度もなかった。嘘みたいなタイミングで入れ違っているが、それゆえ結構、フラットにプロレスラー・荒井優希を見ることができているのかな、とは思う。

選抜入りする前も、ファンからの支持は高かった。

2018年の「AKB48 53rdシングル世界選抜総選挙」では28位にランクインしてい

る。

どうしても「1位は誰か？」というところに一般の注目が集まった選抜総選挙だが、そのタイトルに「選抜」と入っているとおり、本当の目的は次のシングルの選抜メンバーを民意で決めるための選挙であり、上位16人までに入れるかどうかが、メンバーやファンにとっての最重要ポイントだった（ちなみに「神7」の由来もこの総選挙の順位である）。

そもそも「運営が決める選抜には偏りがある。俺たちに決めさせろ！」というファンの声を吸い上げてスタートしたイベントだけに、テーマは徹底的に「ガチ」。不正はいっさいない、と公言されているので、ファンも真剣に取り組んだ。

以前、あるメンバーの「選挙対策委員会」（といってもファンが自主的に立ち上げただけの組織だが……）の取材をしたことがあるが、それはもう驚きの連続だった。ホンモノの政治家も顔負けの緻密な票読みにはじまり、中間発表の時点で何万票を投下して、他のメンバーのファンをけん制しようとか、ありとあらゆる戦術を練りまくっていた。

投票券はCDに封入されていたので、いちいちシュリンクを開封していたら時間がもったいない、と自動でシュリンクを剥く機械（おそらく、それ以外の用途はまったくないであろう、ある意味、贅沢品）を導入して、投票のスピードアップを図る界隈もあれば、翌年の選挙のため、わざわざ安い物件に引っ越して、その差額をすべて投票するという猛者もいた。まさに人生を賭けたガチ、である。

総選挙がスタートしたばかりのころは、まだ総投票数が少なかったため、あっと驚く番狂わせや、そこからはじまるシンデレラストーリーも多々あったが、ゴールデンタイムで生中継され、視聴率が20%を突破するようになると、もはやミラクルは起こりにくくなっていた。ライト層の票はテレビでおなじみのメンバーに集中するため、16位の壁はますます高くなり、選挙対策委員の票読みがますます重要になっていた。

その状況下での28位。

これは大健闘である。

SKE48内での話ではなく、AKB48グループ全体の中での28位だ。相当、ファンががんばったんだろうな、ということは想像に難くない。

16位までに入れなければ意味がないじゃないか、と思われる方もいるかもしれないが、じつはその下の17位から32位までの16人にも大きな意味があった。

次のシングルの選抜は上位16人だが、17位から32位までは「アンダーガールズ」と称され、カップリング曲の歌唱を担当できるのだ。しっかりとミュージックビデオも製作されるので、ここに入れるか入れないかは結構、大事になっていた。そこに食い込めたことは本当に大きかったと思う。

そうやって応援してくれているファンに対して、荒井優希は絶対的な信頼を寄せている。

２０２２年夏、それまでコロナ禍により プロレス会場で禁止されていた声援が、マスク着用などの制限つきながら許可されることになった。

そのときに荒井優希と話をしていて「自分に対するコールを指定したほうがいいんじゃないか？」と提案したことがあった。

これは後述するがコロナ禍でプロレスデビューした荒井優希はファンの声援を浴びたことが一度もなかった。ファンもアイドルの現場からプロレスの会場に流れてきた人が多いのでプロレス流の声援を送ったことが一度もない、という人が多い。

いきなり声援を送ってもいい、と言われても、経験がなければ、どうしたらいいかわからない。「ア・ラ・イ！」コールなのか、「ゆきちゃん！」コールなのか？　そのあたりがハッキリしないと、おそらく会場が一帯となるようなコールは難しいだろう。

たしかにアイドルファンには特殊技能がある。

コンサートでサプライズ的に初公開された新曲であっても、ワンコーラス目は戸惑いながらもツーコーラス目にはビシッとコールを揃えてくる、という特殊技能。もっとも、それはＭＩＸと呼ばれるお約束のコールがあるからこそできる芸当であり、プロレスにおける応援や声援はちょっとばかり話が違ってくる。

だから、せめて「こういうコールをしてほしい」と事前にＳＮＳなどで発信しておいたほうがいいんじゃないか、と思ったのだが、そんな提案を荒井優希は秒で却下した。

「たとえコールが揃わなくてもいいんです。ファンのみなさんがいろいろ考えてコールしてくださるんだろうし、私はその声を大事にしたい。自分からコールを指定するなんて、絶対にあり得ない！」

その語気の強さにちょっとびっくりした。

ひょっとしたら、観客の声出しが禁止されている期間も、荒井優希にはファンの「心の叫び」が届いていたのかもしれない。

そして、この「絆」の強さがプロレスラー・荒井優希の土台を支えているんだな、と改めて認識させられた。

それはアイドル出身のプロレスラーなら、みんな同じではないか？　と言われるかもしれない。たしかにアイドルを経験してきたら、誰もがファンのありがたみは身に染みているし、このあとに登場する選手たちも言及している。

ただ、ＡＫＢ48グループはかなりの特例といっていい。

ここ数年、ＡＫＢ48グループを卒業するメンバーを数えきれないほどインタビューしてきたが、最後の質問として「最高の思い出はなんですか？」と問いかけると、ほぼ全員が次のように答えてきた。

「ドームでコンサートをやったり、いろんな経験をしてきましたけど、やっぱりファンのみんなと一緒に闘った総選挙は忘れられない。あんなこと、きっと、これからの人生でも経験できないと思うし、本当にファンのみんなには感謝しかない」

もはやＡＫＢ48グループのアイドルとファンは「戦友」なのだ。

だから、荒井優希は強い心でリングに上がれるのである。

リングで甘やかされた「バブリー荒井」

さて、そんな国民的アイドルは、なぜプロレスに辿り着いたのか？

きっかけはテレビドラマだった。

２０１７年にテレビ朝日系で放送されたＡＫＢ48グループ総出演のドラマ『豆腐プロレス』。深夜枠での放送とはいえ、近年は珍しい2クールぶち抜きの大型企画で話題を集めた。

番組の終盤はトーナメント戦が描かれたため、もはやドラマというよりも女子プロレス中継のようなテイストになっていったが、ついにはドラマの枠を飛び越えて、後楽園ホールでのリアル興行まで開催。この大会がギッシリ超満員札止めの大熱狂となったため、第2弾として企画されたのが、名古屋におけるプロレスの聖地・愛知県体育館でのビッグマッチだった。

先ほど、荒井優希が「ＳＫＥ48に入っていなかったら、プロレスをやっていない」と語っていたが、その言葉はここにかかってくる。

名古屋での開催ということで、テレビドラマに出演していなかったＳＫＥ48のメンバーにも「プロレスをやってみたい人はいますか？」と声がかかった。そのオファーに荒井優希は手をあげた。

「そのとき暇だったので」

まだ選抜入りできていなかった当時の状況を自虐的に振り返りながら、荒井優希はプロレスとの遭遇について語りはじめた。

「いや、本当にそれだけなんですよ。暇だったし、なんか面白そうだなって思ったから、あんまり深く考えずに『はーい、やりたいで～す』って（笑）。プロレスはちゃんと見たことがなかったし、特に運動が得意なわけでもなかったので、本当に深く考えずに立候補しちゃっただけなんですよ」

彼女に与えられたリングネームは「バブリー荒井」。

もう出オチ感満載の名前であるが、事前の練習でもプロレスの厳しさを叩き込まれるようなことは一切なかった、という。

「ほかの方は結構、厳しく指導されていたんですよ。できるようになるまでやれ、みたいな。でも、私はそんなことはまったく言われなくて。本当になんにもできなくて、それこそ倒立すらできなかったから、これをやってみてと指示されても『できな～い』って（笑）。

そうしたらスタッフさんは私を怒ることもなく『そっか、じゃあ、やらなくていいよ。なにかできることに変更しようね～』って言ってくれたんですよ。そんな風に言ってもらえたのは私だけで、完全に現場では私が『甘やかされ担当』になってました（笑）」

ドラマ出演組は番組でのイメージがあるから、しっかりとプロレスをやらなくてはいけないので、当然、指導も厳しくなる。ある意味、バブリー荒井は第1試合への出場ということで大きな期待もされていなかったし、無理してできないことをやらなくてもいい、という対応になったのだろう。

だが、恵まれた体格はリングに立っているだけで画になった。

その後、ひょんなことからアイアンマンヘビーメタル級王座のチャンピオンベルトを巻き（24時間、レフェリーさえいれば、いつでもどこでも3カウントを取れば獲得できるベルトで、過去に多くの芸能人や有名人が戴冠。かつては脚立など無機物が王者になったことも。当時、チャンピオンだった元SKE48の松村香織からSKE48のレッスン場にて奪取）、その流れでDDTにゲスト参戦することになると、本人はまったく意識していなかったプロレスラーとしての〝華〟の部分が業界人から大注目されることとなる。

深く考えずに「やりたいで～す」と手をあげたことが、まさかの本格的なプロレスデビューへとつながっていく。たまたま足を運んだAKB48のコンサートでドラフト会議のことを知ってエントリーしたときと同様、偶然の連鎖が荒井優希の人生を大きく変えていこうとしていた。

最初は半年でプロレスを辞めるつもりだった

2021年5月4日。後楽園ホールでの無観客試合。

荒井優希は東京女子プロレスのリングでプロレスラーとして本格デビューする。「私がやらなかったら、誰かほかの人にチャンスが回る。それは損かな、と思って」という、いささか消極的な理由からの参戦であったが、いざ、足を踏み入れると、そこには想像以上に厳しい世界が待っていた。

これまでは『豆腐プロレス』の現場のように「やれないことはやらなくていい」という甘々な待遇だったのでプロレスには楽しい印象しかなかったが、プロレスラーとしてちゃんとデビューする以上は「できないことでも、できるようにならなければリングに上げるわけにはいかない」に変わってくる。

まずは受け身の練習。

倒立すらできなかった彼女にとって、前にうしろに倒れなくてはいけない基礎練習はかなり辛いものだった。

そして、なによりも意味がわからなかった。

プロレスを見つづけている者であれば、受け身の重要性はよくわかるのだが、プロレスを知らない人にとっては来る日も来る日もバンバンとマットを叩いて倒れるだけのトレーニングが、いったいプロレスにとってどんな意味があるのかなんて、すぐには理解できない。

もちろん、練習は痛みも伴う。

「痛いし、辛いし、とんでもない世界に入ってきてしまった、と思いましたね。当時は公表していなかったと思うんですけど、年末まで参加するという約束だったので、もうデビューする前から年内いっぱいで辞めようって決めていました。これはムリだなって」

だが、デビュー戦は各方面から大絶賛される。

ぼくは会場で取材したのではなく、自宅で生配信を見ていた。

あのころは当たり前のようになっていたが、やっぱり無観客興行というのはエンターテインメントの世界では異常な形式だ。その異常な空気の中でのデビュー戦。最初はゴロンと寝そべりながら見ていたのだが、いつしか荒井優希の闘いっぷりに目を奪われ、テレビの画面に釘付けになっていた。

ゴロンと寝そべりながら見ていた、というのは、本当に申し訳ないが、それだけ期待をしていなかった、ということでもある。話題になっているから見ておこう、というぐらいの感覚。例年であればゴールデンウィークは連日、アイドルイベントの取材で忙殺されているのだが、コロナ禍でスケジュールはスカスカになっていた。逆にいえば、あの異常な規制がなかったら、ぼくは荒井優希のデビュー戦をリアルタイムで生観戦していなかっただろう。

どこに惹かれたかといえば、それはもう闘っているときの表情である。

必死に闘っている形相。

リングで闘っているのだから当たり前だ、と言われるかもしれないが、じつはこれが難しい。10分、20分のあいだ、ずーっと集中していることは想像以上に大変で、ふっと気が抜けてしまったり、思わず素の表情が出てしまうことはキャリアを重ねた選手でも多々あることだし、それを指摘しても選手自身、まったく自覚していないことが多い。

もっとも会場で見ていたら、そこに気づかなかったかもしれない。

配信されている映像を大きなテレビ画面で見ていたからこそ、荒井優希の形相が際立って見えた。いや、あれだけカメラに表情を抑えられているというのに、一瞬も気が抜けたところを見せなかったのはたいしたものである。

この試合について荒井優希と話したことがあるのだが、まったく素の表情を見せなかったことを触れると、彼女はキョトンとした表情を浮かべながら、こう言った。

「あぁ、それは別にすごいことでもなんでもないですよ。だって、リングに立っているときの私は完全に〝素〟の状態だから。別に表情を作っているんじゃなくて、あれは素の私そのものなんですよ。

むしろアイドルとしてステージに立っているときのほうが意識して表情を作っています。作っているというより、アイドルは人前に立つときはいつも笑顔でいなくてはいけない、と考えているので笑顔以外の表情や感情はなるべく出さないように気をつけています。リングの上では逆に笑顔は出せないじゃないですか？　それは入場からコールのあいだに全開にしていますけど、試合中は喜怒哀楽をセーブすることなく出していますね。だから、私にとっては自然な姿なんです」

まさか、あの闘気が〝素〟だったとは！

これはもうプロレスラーとして天賦の才、としかいいようがない。

デビュー時から強力なフィニッシャー『Ｆｉｎａｌｌｙ』（かかと落とし。ＳＫＥ48のヒット曲『片想いＦｉｎａｌｌｙ』に由来）を持っていたから、最後に一発決まれば勝てるかも、という期待感がキープできることも、プロレスラーとしては大きな武器になっていた。デビュー戦では伊藤麻希に完敗してしまったが、勝ち負けを超えるインパクトを残す、今後への期待しかない試合となった。

しかし、これだけ大絶賛されながらも、荒井優希は半年後にリングを降りることを心に決めていた。

徹底的に取材しよう、と思えなかったいくつかの理由

デビュー戦に感銘を受けたぼくだったが、じゃあ、すぐにでも取材対象として追いかけよう、とはならなかった。

それにはいくつかの理由がある。

ひとつはどこまで本格的にプロレスと向き合おうとしているかわからなかったから。

当初、彼女の参戦スケジュールはかなり限定的なものだった。

プロレスとは経験を積まないことには上手にならない。試合はもちろん、道場での練習も同じ。その点、試合数が少なく、リングでの練習ができる道場は東京にあるので、名古屋を拠点とする彼女が足繁く通うことは難しい。

何年か前、武藤敬司を取材したときに、こんなことがあった。

場を盛りあげようとカメラマンや編集者がことあるごとに「さすが武藤さんは天才だ」「天才だからなんでもできる」と持ち上げた。

最初はニコニコしていた武藤だったが、徐々に困惑の表情に変わり、ついにはこう言い放った。

「あのさぁ、俺だって努力はしてるんだよ。いや、ほんのちょこっとだけどさ～」

おそらく世界一の「プロレスの天才」であろう武藤敬司ですら、その才能だけではリング上での動きは維持できない、ということ。それだけ日頃の積み重ねが重要なジャンルがプロレスなのである。

だから、荒井優希に関してはちょっと様子を見ようと距離をとってしまった。

そして、その間に、彼女の気持ちは大きく変わっていった。

「デビュー戦が終わっても、まだ年内にプロレスは辞めよう、と思っていたんですけど、結構、早い段階で『やっぱりプロレスを続けたい！』に変わりました。たしか（2021年）7月ぐらいには、もう続けることを決めていましたね。

やっぱり楽しいんですよ。みんなで道場に集まって練習をして、練習が終わったあとにみんなでおしゃべりなんかをしていたら、居心地のいい場所っていうか、ずっとここにいたいなって。それにその当時は周りの選手は私にとって、みんな先輩なんですよ。そんな先輩方が私のために時間を割いて、指導をしてくださる。それなのにすぐに辞めちゃうのは違うかなって。正直、最初のころはいろんな方に評価していただいても、それは過大評価だよって思っていたんです。いや、それはいまでもそう思っているんですけど（笑）、そうやって期待されることが重たかったんです。それもだんだん変わっていきました」

道場での練習が楽しいから、もっと通いたくなる。

普通に考えたら、名古屋を拠点にして活動しているのに、わざわざ新幹線で東京に出てくるのは結構な負担である。日帰り圏内ではあるけれど、なかなかのハードワークだ。

「最初は大変でしたけど、もう慣れました。いまはできる限り、道場に通うようにしています。わかりやすく言えば、名古屋でＳＫＥ48のお仕事がない日はほぼすべて道場で練習できるように調整してもらっています」

たしかに単独で取材を申し込むとき、こちらとしては試合で東京に来ているときのほうがスケジュールの調整がつけやすいだろうな、とそのあたりの日程をピンポイントでオファーするのだが、まったく関連のない日に取材スケジュールが入って、びっくりすることがある。それほど頻繁に道場に通っているのであれば、なるほど、納得である。

「アイドルを10年やってきて、もうアイドルとしてできないことがなくなっちゃったんです。もちろん難しい振り付けとか『あれっ、できない』と焦ることはありますけど、それでもちょっと教えてもらったら、レッスンが終わるときにはなんとなくできるようになっているんです。でも、プロレスの場合、まだまだできないことばっかりなので、すごく刺激的で面白いんですよ！」

いつしか試合数も増え、もはや限定出場とは呼べないほどの頻度になり、当然、試合内容は日々、向上していったのだが、それでもなお引っかかる、というかもったいないな、と思ってしまう点があったのだ。

なぜ試合後のコメントが味気ないのか？

プロレスラーにとって「言葉」は重要な武器だ。

こんなことを言っては元も子もないが、どれだけ試合が物足りなくても、試合後のコメントひとつでカバーできてしまうこともある。それだけ大事なファクターなのである。

だが、荒井優希のコメントはいつも味気ないのである。

試合後の囲み取材にはたくさんのメディアが殺到する。ビッグマッチであれば、結構な人数になり、みんな荒井優希の「見出しになる言葉」を待っている。

しかし、彼女の話はとことん優等生なのだ。

なんとか面白いコメントを引き出そうと、各社の記者があの手この手で質問をするのだが、なかなか、その牙城は崩せない。

そんな光景を一歩離れて眺めるたびに「あぁ～、もったいない」と思ってしまうのだ。

これはもうぼくが北斗晶の番記者をやっていたから、という側面が強い。あの人は試合だけでなく、いかに自分の感情をメディアに乗せるかに心血を注いでいた。こっちが「えっ、そんなこと言っていいの？」と驚くような言葉を吐くこともあったが、それが記事になり、読者から大きな反響があると「なるほど、これぐらいいじゃないと世間には届かないんだな」と納得させられた。もっともインターネットがない時代だから成立した話で、いまだったら毎週、炎上必至だっただろうけど。

もうひとつ、これはぼくたちの悪い癖で「アイドルがプロレスラーになったら、かくあるべし」みたいなこだわりが消えずに残っていた、という側面もある。

かつてはＡＫＢ48グループも言葉が重要視されていた。

総選挙のスピーチは、まさにプロレスにおけるマイクアピールと同じで、メンバーの過激なひとことから、翌年の総選挙まで、1年に渡る壮大なストーリーが描かれていくことも珍しくなかったし、元ＡＫＢ48高橋みなみの「努力は必ず報われる」や前田敦子の「私のことは嫌いになっても、ＡＫＢ48のことは嫌いにならないでください」といった名言の数々は、すべて総選挙から発信されたものである。

そんなところにプロレスファンが熱狂し、大挙してアイドルの現場に流入してきた。その時期を体感している者からすると、ＡＫＢ48グループからホンモノのプロレスラーが誕生したんだったらエモいコメントで惹きつけてくれ、と勝手に思ってしまう。

いや、本当に勝手すぎる話であり、勝手な価値観を基に「もったいない」などと言われても困ってしまうのは承知の上なのだが、メディア側の人間としても、ここでキレッキレなフレーズが飛びだせばワーッと話題が広がるのに、と違う意味で「もったいない」と二重に感じてしまっていたのだ、結構、長い期間。

一度、囲み会見が終わったあとに、そのことを本人に指摘したことがある。もっと過激なことを言っちゃってもいいんじゃないか、と。すると荒井優希は目を見開いて「えっ、そんなこと言っちゃっていいんですか？」と言ったが、すぐに微笑を浮かべて、こう続けた。

「でも、なにを言っていいかわからないから、私、いいです」

がっかりするより前に、なるほどな、と合点がいった。

ぼくたちが彼女に望んでいたエモいアイドル兼プロレスラー像は、どこまでも昭和的な価値観からきているもので、令和にデビューした荒井優希になじむものではない。

というか、現状、AKB48グループのアイドルとプロレスラーを兼任している存在は彼女しかいないのだから、もったいないもなにも、彼女の生き方こそが唯一無二の大正解なのだ。

それに気づいてから、ようやく本腰を入れて、プロレスラー・荒井優希を追いかけよう、と決意した。彼女の言葉に足りない部分は余計なお世話かもしれないけれど、記事の中でこちらがフォローしていけばいい。そう決めたのは彼女がデビューしてから1年が過ぎたころであった。

アイドルとプロレスラーの私は「別」

もうひとつだけ、しっくりこないことがあった。

これはアイドルとプロレスの両方を取材しているぼくならではの話なのだが、せっかく話を聞けるのだから、いっぺんにどっちも聞いてしまいたい、と思ってしまう。

だが、荒井優希はプロレス会場でＳＫＥ48について語ることをヨシとしない。

このあたりも「もったいない」要素のひとつなのだが、リングで起きたこととステージで起きたことをリンクさせて、どちらにも影響が出るようにすればいいのに、と思ってしまう。リングネームを名乗って別人格として活動しているのならともかく、どちらも「荒井優希」なのである。同じ世界線を生きているのだから、複雑に絡み合ったほうが面白いと思うのだが……これもまた昭和的な価値観なのだろう、きっと。

その答えは取材を続けていくうちに、彼女の口から明かされた。

なにげなく「これだけプロレスとＳＫＥ48のスケジュールが重なって混乱しないのか？」という質問をした。２０２３年はＳＫＥ48にとって15周年イヤーであり、夏から秋にかけてコンサートやイベントが目白押しになっていた。それと同時進行するように東京女子プロレスのリングでもトーナメントやビッグマッチが決まっていたので、本当に素直な疑問だった。

荒井優希は「混乱しない」と即答した。

「たしかにふたつを同時に考えたら、頭がパンクしてしまうかもしれないですけど、あくまでも別々に考えているので。基本、何に対してもあんまり深く考えないけど（苦笑）、目の前にあることをまずは一生懸命やるだけで。もし、同時に深く考えていたら、たぶん、私はいま両方ともできていないと思うから、これでいいんだと思います」

そんな話をした直後、大谷翔平がヒジを故障して、2024年は二刀流を断念する、というニュースが飛びこんできてゾッとした。

アイドルとプロレスの二刀流をどこまでもストイックに根をつめて追求しようと思ったら、大谷翔平のような事態に陥ってしまうかもしれない。

おそらく無意識だったのだろうが、荒井優希はその危険性をみずから回避する術を行使していたことになる。やっぱり昭和的な、もっと言えば現実離れした劇画チックな価値観を押し付けるのは令和の時代にはナンセンスなのだろう。

プロレスラーとしてデビューしてから、荒井優希はＳＫＥ48の選抜メンバーに入っていない。かつては入っていたわけで「プロレスラーとしてチャンピオン、アイドルとして選抜」の二冠王を欲張ってしまうが、選抜に入るとプロモーション活動で多忙になり、プロレスとの両立はたしかに難しくなる。

このあたりをファンがちゃんと理解してくれていることが荒井優希にとって、精神的な支えになっているようだが、いつか、もっとプロレスラーとして余裕ができたときには、選抜復帰、さらにはセンター獲得にも期待したいところではある。

ここで書いたようなことにひっかかって「なにか物足りない」と感じている人には、一度、そのフィルターを外して、プロレスラー・荒井優希の試合を見てもらいたい。そこにはきっと令和の新しい価値観が広がっているはずだ。

アイドルとプロレスをつなぐ架け橋

荒井優希がプロレスラーとして成功したら、さらなる転向組が出てくるのではないか、と期待する声もあったが、あまりにも荒井優希の成長が早すぎて、かなりハードルは高くなってしまった。

ただ、交流の輪は広がっている。

名古屋で東京女子プロレスの興行があるときは、ＳＫＥ48の歌のコーナーが設けられている。数人のメンバーが来場し、荒井優希を交えてミニライブを敢行。もちろん、荒井優希がセンターを張るシーンもたくさんある。

そこから派生するかたちで荒井優希と仲がいい青木詩織がレフェリーとしてデビューする、という急展開が発生。プロレスとはもっとも縁遠いところにいそうなキャラの青木がリングに立つ時点でもう面白いのだが、どこまでも生真面目にレフェリングする姿はプロレスファンにも受け入れられた。部外者がリングに絡むことを嫌うプロレスファンが多い中、ここまで完全ウエルカムな反応は特筆モノである。

荒井優希が闘っているところを青木詩織が裁き、その試合を同じくSKE48の谷真理佳が解説する、という不可思議な空間……谷もまたかつてはプロレスとは縁遠い存在だったが、その解説ぶりはファンから大好評であり（これもかなり異例の反応である）、ある意味、東京女子プロレスとSKE48のコラボは誰もがハッピーになる結果を呼んでいる。

レフェリー・青木詩織と解説者・谷真理佳が揃った日、バックステージはまるでSKE48劇場の楽屋かのように、荒井優希を囲んだ3人の笑い声で包まれていた。

3人が口を揃えたのはプロレスファンの暖かさ。

こんなに暖かく迎え入れてもらえるのであれば、これからも参戦したい、と語る一方で、プロレスには興味がないメンバーもどんどん巻き込んでいければ、もっともっと盛りあがるんじゃないか、という話が広がっていった。

たとえば前説を担当する面白いメンバー、リングアナウンサーにチャレンジするメンバー、タイトルマッチの前に国歌斉唱するメンバー……たしかにプロレスラーとしての出番は荒井優希にしか託せないけれど、それ以外の要素をすべてSKE48のメンバーが担う「東京SKE48女子プロレス」的なコラボ興行があったら、結構、面白いかもしれない。

荒井優希がリングで活躍できているうちはいくらでも可能性は広がる。彼女はそこにいるだけで、アイドルとプロレスの架け橋になっているのだ。

プロレス人生を変えた赤井沙希との出会い

デビュー1周年を迎え、プロレスラーとしてさらなる飛躍を迎えようとしたタイミングで、荒井優希は運命的な出会いをする。

赤井沙希。

タレントからプロレスラーに転向した先駆者であり、女子プロレス団体ではなく、男女混合のＤＤＴを主戦場としてきた稀有な存在。そのバックボーンの共通点から、なにかと荒井優希と比較される存在だったが、２０２２年夏、正式にタッグを組むこととなった。

名付けて「令和のＡＡ砲」。

いまや当たり前の呼称となったが、結成当初はふたりとも「この名前はちょっと……」「もっとカッコいい名前がないか公募したい」と微妙な反応。たしかに横文字のタッグチーム名が多いし、名前の中に「の」が入っているのは、なんとも古臭い。

ただ、あそこで本当に横文字のチーム名に変えてしまっていたら、きっと、ここまで愛されるコンビにはならなかったのではないか？　いろんな意味で絶妙すぎるネーミングだった。

「私、赤井さんの横に立っているのがすごく好きだったんですよ。そんな私を見たファンの方が『昔の優希を見ているようで懐かしいし嬉しい』って。たしかにアイドルを長く続けていたら、いつのまにか先輩の立場になっていたから、すごく新鮮だったかもしれない。お話もたくさんしました。東京女子の先輩って、みなさん優しいんですけど、赤井さんってちょっと違うじゃないですか？　言葉にするのは難しいけど、ちょっと違って。それに芸能界から転向してきたり、出身地が一緒だったりと共通点が多かったので、すごく話しやすかったし、学ぶことも多かったです」

２０２３年になって、後輩がたくさん増えた。

後輩とタッグを組んだり、対戦したりするとき、なにげない所作から赤井沙希っぽさを感じことがある。本人には自覚がなさそうだが、間違いなく、ＡＡ砲での闘いから、しっかりと伝承されたものだと思う。

はじめてふたりでタッグ王座に挑戦する直前、撮影とインタビュー取材をしたことがあった。

その席上、赤井沙希は「優希ちゃんが見たこともない景色を見せたいし、経験したことがないことを味わわせてあげたい」と言った。

そのまま受け取れば、ふたりでチャンピオンになって、栄光の防衛ロードを飾りたい、

PRINCESS

ということになるのだが、赤井沙希の表情にちょっと陰が落ちていたことが気になった。ひょっとして、と思って、荒井優希がソロ撮影をしているあいだに確認すると、やはり、そんな単純な話ではなかった。

チャンピオンになる、ということ。それは「いつか負けて、地獄に転落する」ことのはじまりでもある。これこそが「経験したことがない」が指す本当の意味だった。

結果、令和のＡＡ砲は一発で王座を奪取。その美麗なベルト姿はとても映えるものだったが、数カ月後、一敗地にまみれ、ベルトを失うことになる。

変な話、これでプレッシャーから解放されたんじゃないか、とホッとする側面もあったのだが、荒井優希は「別にベルトを持っているからってプレッシャーを感じたことはなかったし、ホッとすることもなかった。とにかく悔しいだけで」と語りつつ、ハッとした表情で固まった。

「いまとなってみれば、なんですけど……なぜかタイトルマッチになると体調が悪くなったんですよ。前の日からおかしかったり、会場に入ってからもフラフラになっていたり、どうしてタイトルマッチのときに限って、こうなるんだろう？　と思っていたんですけど、これってプレッシャーを感じておかしくなっていたんですかね。ベルトを失ってから、そんなことは一度もないので……きっとそうですね（苦笑）」

リアルタイムで王者ゆえの苦悩を味わうことができなかったのは残念だが、プレッシャーに押しつぶされることがなかったのは不幸中の幸い、なのかもしれない。

アジャコングが敗戦を意識した日

タッグ王座から転落したことで、ある意味、ベルトに縛られることはなくなった。チャンピオンのうちはどうしてもビッグマッチではタイトルマッチが組まれてしまうから、それ以外の闘いができなくなってしまう。

そして丸腰になったタイミングで立ちはだかったのはアジャコングだった。

有明コロシアムで組まれたシングルマッチ。

アジャの全盛期にずっと記事を書き続けてきたぼくにとって、彼女の試合について、がっつりと書くのは20数年ぶりのことになる、その報告も兼ねて、早めに会場に入り、アジャの控室を訪ねた。

どちらからともなく出た言葉。

それは「荒井優希、どう思う?」。

ぼくはここまでに書いてきたようなことを話した。もっと言えば「女子プロレス界の宝であり、アイドル業界の未来を変えてくれるかもしれない人材」である、と。

そして、アジャは「彼女を否定する理由はないよね。プロレスに正解はないけど、こうやって大きな会場で試合ができて、たくさんお客さんが入ることは興行として正解。たくさんお客さんを連れてきてくれる荒井優希は評価しますよ」と語り「まぁ、リングで対峙したら、いちプロレスラーでしかないから、容赦なく叩き潰すけどさ」と言った。ああ見えて、アジャのプロレス頭は非常に柔らかい。それは昔から変わっていなかった。

「楽しみだよね、今日は。まぁ、いい試合になっても、つまんない試合になっても、彼女が勝っても、彼女が負けても、これから先、荒井優希には厳しい時間が続くかもしれないけど、それは私の知ったこっちゃない。そこからどうやって生きていくかは彼女次第だから」

なにげなく聞き流すところだったが、アジャの選択肢に「荒井優希の勝利」があったことにおっ！　となった。このひとことが荒井優希に対する最大限の評価だろう。

もっとも、そこにはアジャのコンディションがけっして万全ではない、という背景もある。

日常生活での歩行すら厳しくなったアジャはヒザにメスを入れた。その手術の前にタッグで初対決したのが荒井優希だったこともあり、復帰後に再戦することはある種、運命でもあったのだが、彼女自身、残された現役生活がそう長くはないことはわかっている。そのタイミングで運命を紡いでしまった荒井優希との対戦を特別に感じるには当たり前のことかもしれないが、そこに負ける可能性まで感じていたのは正直、意外だった。これはもうリングに立ったことのある人間にしかわからない、独特の感覚なのかもしれない。

それ以上に驚いたのは荒井優希の闘い方だった。

アジャという高い山に挑むのだから、きっと序盤から意表を突いた攻撃でラッシュをかけるものだとばかり思っていた。

ところが試合は超オーソドックスな展開に。じっくりと組みあってのスタート。失礼かもしれないが、こんな闘い方ができるんだ、というのが正直な感想だった。その後は場外に出たアジャの頭部をエプロンからおもいっきり蹴り上げ、カウント19を奪った。あわやリングアウト勝ちか、という緊迫したシーンに会場はどっと沸いた。

そう、コロナ禍を脱して、観客の声出しが解禁されたことによって、荒井優希はより強くなった。この日もアジャに対して放ったFinallyのあたりが弱く、さぁ、どうするという局面になったとき、客席から「アライ、もう一発だ！」という声が飛んだ。それにあとおしされるように追撃弾を食らわせ、3カウントこそ奪えなかったが、あと一歩まで追いつめた。

じつはこの闘い方がいままでできなかった。

デビューから1年が過ぎたころ、荒井優希は自分の弱点について、こう語ってくれた。

「技を失敗すると、あぁ、どうしようって動きが止まっちゃうんですよ。負けるときはいつもそれです。どうしようとなっているところを攻められて終わる。きっと先輩方は、そ

の先のことも考えて試合をしているんだと思うんですよ。だから、なにか失敗してもカバーできるけど、私は『ここだ！』と目の前のことだけ考えて大技を出しちゃうから、避けられちゃったら、もう頭が真っ白になってしまう。もっと上にいくには、これをなんとかしなくちゃダメですねぇ〜」

その課題は1年も経たずして、クリアされていた。

「そうですね。さすがにいまは技を失敗しても『どうしよう』ではなく『なんとかしなくちゃいけない』と考えられるようになりました（笑）」

観客の声援解禁と本人の弱点強化によって、荒井優希の成長はよりスピードを増した。アジャはきっと、そのあたりを肌で感じていたからこそ、ポロッと負ける可能性を口にしたのだろう。

試合後、荒井優希のもとに駆け寄ったアジャはなにかを囁いた。

あとで確認すると「もう1回、やろう」と伝えたのだ、という。マイクアピールではなく、本人にだけそっと囁くというあたりにガチ感が漂うではないか。その「もう1回」がいつやってくるのかはわからない。もし、荒井優希が勝つようなことがあれば、誰もが知っているレジェンド超えという名声がついてくる。この運命、大切にしてもらいたい。

12時間でアイドルからレスラーへ！

これだけプロレスラー・荒井優希を追ってきたら、あらためてアイドル・荒井優希の活躍を見ておかなくてはいけないな、と思った。

ＳＫＥ48・チームKⅡのコンサートがＬＩＮＥ ＣＵＢＥ ＳＨＩＢＵＹＡ（旧・渋谷公会堂）で開催されるというので、ひさびさに足を運んでみたのだが、荒井優希の「アイドル力」にびっくりした。

特に彼女がセンターを務める公演曲『Over the Top』でのカッコよさには鳥肌がたった。パフォーマンス力、表現力はもちろんのこと、２０００人キャパの会場の最後列で見ていたにも関わらず、モニターを見なくてもそこまで届く輝きは、さすがはセンター、としか言いようがなかったし、ある意味、プロレスラー・荒井優希よりもカッコよく感じてしまった。たしかにプロレスでは蹴られたり、叩きつけられたりして、弱弱しい姿を晒すこともあるが、アイドルのステージではそんな心配は皆無。カッコよさだけがフル解放されるのだから、そういう見え方をするのは当たり前のことかもしれない。

「あの楽曲に関しては、振り付けの先生が私をイメージして作ってくれたので、それも大きいんだと思います。もしコンサートでカッコいいと思ってくれた方がいらっしゃったのなら、ぜひ劇場に公演を見に来てもらいたいですね。もっとカッコよさが伝わると思うので！」

アイドルファンがプロレス会場に足を運ぶ流れを作ってくれた荒井優希だが、やっぱりプロレスファンが劇場に、という逆流現象も起こしてほしい。

じつはすでにその動きは出てきているようで、ついには「プロレスもSKE48も知らなかったけれども、あなたに興味を持ってはじめて東京女子プロレスの会場に来ました」というまったくの新規ファンも増えてきた、という。

これぞ荒井優希にしか生み出せないシナジー効果！

アイドルから荒井優希を知った者はプロレス会場で違う魅力に触れ、プロレスで荒井優希に触れた者はアイドルのステージでさらなる衝撃を受ける。

同時進行で両方追いかけられる人は、最高に推し甲斐があると思う。

そういえば2023年のSKE48リクエストアワーセットリストベスト100（通称・リクアワ）で、荒井優希がセンターを務める楽曲『あの頃のロッカー』が堂々の第1位に輝いた。コロナ禍でリリースされたシングルカップリング曲だったこともあり、これまで披露しなかったので、荒井優希は感涙した。

ファン投票ですべてが決まるランキングだが、ファンが聞きたい楽曲であることはもちろんのこと、メンバーの思い入れのある楽曲をファンの力でランクインさせる、というひとつの伝統。そのためファンがプロレス会場でも投票を呼びかける活動に勤しんでいたという。そんな思いが結実した1位。それも美しい話だが、普段はアイドルのこういった話題を取り上げないメディアまでが「リクアワ」を連呼して報じてくれたことも、なんとも誇らしかった。二刀流効果、絶大である。

そんな話をしていたら、また面白い考え方を荒井優希は披露してくれた。

両方、追いかけているファンからしたら、シングルマッチを組まれたほうが、入場から退場まで20分ぐらい、がっつりと荒井優希を見られるので、プロレス現場に通うほうがお得ではないか？　と聞いてみると、荒井優希は「あぁ、そういう考え方もあるんですね」と笑った。

「たしかにそうかもしれないですけど、2時間の興行の中で私が出てくるのは20分だけじゃないですか？　でもコンサートだったら、端っこにいる場合もあるかもしれないけど、2時間、ずーっと私が見られる。どっちがいいんですかね？」

なるほど、たしかに。でも、プロレスラーとしてはシングルマッチでひとり目立ったほうがおいしいと思うのだが……。

「あぁ～、そういう発想は私、ないです。私が、私がって考え方じゃないし、みんなで楽しくできれば、それでいい。私が大人数のグループに所属しているのは、そういう理由もあるんですよ」

こういう考え方をするプロレスラーに出会ったことがないので、さすがにびっくりしたが、いつかシングルのベルトを巻くことがあったら、心境に変化があるのかもしれない。そのときにまた話を聞いてみたい。

さて、コンサートの話に戻そう。

コンサートが終わって、我々が会場を出たのは夜9時ごろ。おそらくメンバーが外に出たのは、もっと遅い時間だったはずだ。

あまりにもいいコンサートだったので、ついついお酒が続き、気が付いたら終電の時間。翌日は東京女子プロレスの後楽園ホール大会の取材が入っているので、朝10時には出かけなくてはならない、あわてて帰宅したのだが、ふと考えたら、荒井優希は我々より遅い時間にコンサート会場を出て、あしたは我々より何時間も早く後楽園ホールに入らなくてはならない。おそらくその時差は12時間もない。これって、なにげにすごい話ではないか？

「コンサートのあとってアドレナリンが出っぱなしになるじゃないですか？　だから、あの日もなかなか眠れなくって、そんなに寝ていないんですよ。でも、それでよかったのかな。ぐっすり寝ていたとしたら、起きて、すごく緊張した気がする」

そして、翌日。

荒井優希はデビュー2周年記念試合を闘った。

対戦相手の坂崎ユカと中島翔子は「まだまだ荒井優希には負けない！」と毒づいたあと、「でも、昨日の夜、コンサートをやっていたんでしょ？　どちらもできる人はいるかもしれないけど、両方とも全力でできる人はなかなかいない。それは私たちにも無理。そこは素直にすごいと思う」と舌を巻いた。

荒井優希は2年の時を経て、真の「唯一無二」になろうとしていた。

完成形、されど通過点

２０２３年の夏、荒井優希は真夏のトーナメントで準決勝まで勝ち進んでいた。

３年連続のエントリーになるが、過去2回はここまで勝ち上がることはできなかった。勢いがものをいうトーナメントだけにイッキに決勝進出の可能性だってなくはない。

準決勝の相手は山下実優。

東京女子プロレスの絶対的エースだが、なぜかトーナメントでは取りこぼしが多く、過去９年連続で優勝を逃している。そんな過去のデータを考慮すると、荒井優希が大番狂わせをやってのける期待も高まってくる。

そんなことをＷｅｂ記事で書いたら、知人から「お前、本気で言っているのか？」とクレームが入った。アイドルと兼業して、トーナメントを優勝できるほどプロレスは甘くない、と。おっしゃることはもっともだが、そこまで言うなら彼女の試合を見たことがあるのか、と問うと、一度も見たことはないとのこと。「俺は40年もプロレスを見てきているんだから、そんなもの見なくてもわかる！」。

あぁ、そうか。プロレスファンに認めてもらうには、こういう人たちも黙らせなくてはいけないのか。忘れかけていた壁の存在に気づき、なんとも気持ちが重くなったのだが、準決勝はそんな沈んだ心をブチあげる熱戦となった。

ピーンと張りつめた緊張感の中で続く試合。なにか技をひとつでもミスしたら、イッキにすべてが崩れてしまいそうなぐらい息が詰まる展開。気迫で山下に負けたら、その瞬間に終わる。

だが、荒井優希は折れなかった。

押されまくってはいたが一歩も引かず、技のミスもない。

後楽園ホールは熱狂に包まれた。

バルコニーに設置された記者席から見ていたのだが、その熱気に押されて、途中から思わず立ちあがってしまった。試合前の知人の言葉が頭をよぎり「これを見ても、そんなこと言えるか！」と叫びたくなるような試合だった。冗談抜きで涙が出た。

きっと荒井優希が勝っても、観衆は文句を言わなかったと思う。

結果、山下実優が勝利し、そのまま優勝した。

負けた試合でこんなことを言うのもどうかと思うが、プロレスラーとして、ひとつの完成形を見た気がした。

もちろん、まだまだ通過点でしかないのだが、ここまでの試合をシングルマッチでできるようになったら、本当に大したものだと思う。

後日、荒井優希は通用するはずない、と言った知人から謝罪があった。YouTubeでダイジェストを見たそうだ。

見てもらえば、わかる。

これからはいかに見てもらうかの勝負がはじまる。

託されたA、離れゆくA

2023年11月12日。

赤井沙希がプロレスラーとして引退をした。

それに先立ち、東京女子のリングにて最初で最後の赤井沙希vs荒井優希のシングルマッチが組まれた。荒井優希の「最後のわがまま」を赤井沙希が承諾した形での実現。この試合に勝てなかったら、一生。赤井沙希を超えることはできない。

でも、勝てなかった。

「私はここで負けるわけにはいかない」と赤井沙希は非情な攻めに徹した。顔面にビッグブーツをガンガン叩き込む姿を見ていたら、AA砲結成時のインタビューを思い出した。

「優希ちゃんと闘うんじゃなくて、タッグを組むことになってホッとしたわ。私、まだ綺麗なアイドルちゃんの顔に蹴りを入れる心の準備ができてないから」

冗談まじりにそう言っていた赤井沙希が数えきれないほどのキックで荒井優希の顔面を蹴りあげる。あぁ、もう彼女にとってアイドルちゃんではなく立派なプロレスラーなんだな。その刻印を最後の試合で押しまくっている。それが確認できただけでも、この試合、やってよかったな、と思った。

試合後、倒れている荒井優希に駆け寄った赤井沙希はそっと抱き起すと聖母のような表情を浮かべた。試合前の煽りＶＴＲでもふたりの関係性を姉妹と表現していたが、明らかに母と娘だ。そんな表情を見せるということは、本当にリングを去るんだな、と実感させられた。

終わる令和のＡＡ砲。

複雑に絡みあったふたつのＡが、ついにバラバラになっていく。

離れゆくＡは、これからの女子プロレスをもうひとつのＡに託した。

いままでだったら「次は必ず勝つ」「いつかは絶対に超える」と言えたけれども、もう次もいつかもなくなった。

「でも、最後に赤井さんから託されたような形になったので、まだまだ私が東京女子プロレスのリングでやることが増えたし、これから続けていく理由が増えました。たしかに勝てなかったですけど。これから先の闘い方でいつか赤井さんに認めてもらえるようにがんばります」

プロレスラーっぽいコメントが出せないでいた荒井優希が、ようやくプロレスラー的なコメントをしてくれた。これは2024年もさらなるジャンプアップに期待できそうだ。

「えっ、えっ、2024年っていつですか？　令和でいうと何年ですか？　令和6年？　えぇっ、もうそんなに！　早いなぁ〜」

アイドルとプロレスラーの狭間で、荒井優希は笑った。

第2章 渡辺未詩

アイドルも、プロレスも
ゼロから始める二刀流生活
唯一無二の世界観で夢を叶えるトップランナー

Miu Watanabe

1999年10月19日生まれ。アップアップガールズ(プロレス)のピンク担当。「歌って、踊って、闘える」最強のアイドルを目指す。カナディアンバックブリーカーなどが得意技。また、ジャイアントスイングも得意で2人まとめてぶん回した動画がバズったこともある。

高木三四郎「大社長」の恐るべし行動力

アップアップガールズ（プロレス）。

アイドルとして日本武道館ライブ、プロレスラーとして日本武道館でのメインイベントを目指す、という「二刀流」育成のプロジェクトは２０１７年にスタートした。

そこには荒井優希がリングに上がるきっかけとなった『豆腐プロレス』が深く関係してきている。つまり、放送から7年経って、あのころ高木三四郎が夢想したプランが東京女子プロレスのリングで結実した、ということになる。

地上波で女子プロレスのドラマが毎週、放送されるというニュースに高木三四郎は激しく反応していた。一般層への波及はもちろん、そのタイミングでテレビ朝日の土曜深夜枠はドラマ『豆腐プロレス』、『タイガーマスクＷ』、『ワールドプロレスリング』とプロレス関連コンテンツが立て続けに放送されるラインナップとなっていたため、プロレスファンの目にも届くという手応えもあった。

あるアイドル雑誌でぼくは高木三四郎、宝城カイリ（現ＷＷＥスーパースターのカイリ・セイン）と一緒に『豆腐プロレス』に関する座談会に参加したのだが、その席で高木三四郎の想いが爆発した。

「せっかくメンバーがプロレスの練習をしているのに、どうして48グループはプロレス興行に乗り出さないのか？　歌とプロレスをパッケージにした興行で地方を回れば、なかなかコンサートに行けない地域もカバーできるし、ファンからも支持される。いいことしかないと思うんだけど、どうしてやらないいんだろう？」

たしかに商機ではあった、と思う。

たとえば「プロレス選抜」として16人のメンバーを選ぶ。それだけ人数がいれば、シングルマッチ2試合、タッグマッチ3試合が組める。全5試合もあれば、興行としては十分すぎるボリュームだ。そこに歌のコーナーを挿入すれば、かなり楽しめるパッケージになる。当時、AKB48グループのコンサートはアリーナクラスの会場で行なわれることが当たり前だったので、大都市以外ではなかなか開催されることがなかった。そんな地域のライブに飢えているファンへの救済措置にもなるわけで、たしかにいいことずくめだ（もっともファンは推しメンがプロレスに関わることで怪我をしたり、肉体がごつくなってしまうのではないか、という危機感を抱いていたようだが……）。

実際に『豆腐プロレス』のリアル興行は後楽園ホールと愛知県体育館で開催されただけで、地方巡業などは実現しなかった。

すごいのは高木三四郎の行動力である。雑誌の対談で「こうなったら面白い！」と話が異様に盛りあがることはよくあるのだが、たいがいはその場だけの話で終わってしまう。

ただ、さすがは「大社長」と呼ばれる男。48グループがやらないのなら、とそのプランを現実のものにしよう、と動き出したのだ。

こういうケースは過去にも見てきた。雑誌の企画で高木三四郎と一緒にＡＫＢ48グループの選抜総選挙を生観戦し、そのまま深夜まで語り尽くす、ということを3年ぐらい続けてきた。たしか日本武道館での総選挙が終わったあと「会場にプロレスのＴシャツを着ているファンが何人もいた。あの人たちを取り戻さなくてはいけない。よしっ、ウチも総選挙をやろう！」と言い出した。ネタとしては面白いな、と思っていたら、なんと翌週には総選挙開催の記者会見を開いていた。

即断即決、即行動！

これぐらいのスピード感がないとエンタメ業界のトレンドに追いつけない。そのときと同じで、アイドルとプロレスを融合させた企画は対談のネタでは終わらず、結構なスピードで進行していった。

２０１７年にぼくは『アイドル×プロレス』（ワニブックス刊）という本を書いた。ある意味、今回の本のルーツとなる存在で、平成末期のアイドルとプロレスのリアルな関係性をまとめた一冊。この時点では、まだ本当のアイドルがプロレスのリングに登場するような展開とはなっていなかったのだが、いずれそうなる、という話をしてほしくて高木三四郎に登場のオファーを出そうとしていた。

まさに企画書を送ろうと思っていたタイミングで、逆にＤＤＴからプレスリリースが届いた。それこそがアップアップガールズ（プロレス）のオーディション開催のお知らせだったのだ。

急きょ、対談の内容は「アップアップガールズ（プロレス）とはなにか？」に変更。立ち上げ直前の生々しい野望が本にしっかりと残されている。

そのころ、女子プロレスはようやく冬の時代を抜け出し、やっと上向きになりはじめていた。だが、大きな問題として横たわっていたのは人材難。女子プロレスラーになりたい、と志望する「なり手」が絶望的に足りなかった。

そんな状況を打破するためにアップアップガールズ（プロレス）は始動した。名のあるアイドルグループのオーディションには何百人もの応募がある。しかし、当たり前の話だが、そのほとんどは落選してしまう。そういう子たちに「アイドルとプロレス、両方やってみませんか？」というアプローチをすれば、普通に練習生を募集するより、何十倍、何百倍の効果があるのではないか？

夢は大きく広がり「ユニットとして東京女子プロレスのリングに参戦してもらいますけど、最初からたくさん合格者が出たら、いきなり団体として活動させて、東京女子プロレスと全面対抗戦をやるのも面白いかも！」、「プロレスラーとしてよりアイドルとして早くブレイクしたら、新しいファン層を獲得できる。ヒット曲が出て、Mステに出演できたら、悲願の金曜8時にプロレスが復活しますよ！」などと飛躍していったが、当時のアイドルブームの規模を考えたら、あながち夢物語では終わらないかも、という無限の可能性を感じずにはいられなかった。

そして、そのオーディションに参加していたのが渡辺未詩、だった。

ももクロが与えてくれたプロレスへの「太鼓判」

当時、渡辺未詩は高校3年生だった。

「そろそろ進路を決めなくてはいけない時期だったんですけど、アイドルが大好きで、アイドルになりたいという夢を諦めきれなくて、オーディションに応募しました。プロレスですか？　まったく興味ありませんでした（苦笑）。あくまでもアイドルになりたかっただけなんですよ」

これはおそらく多くの志願者が同じ気持ちだったのではないか？

アイドルになりたい。

その条件としてプロレス〝も〟やる、という項目がある。ちょっとひっかかるけれども、まずはアイドルになるきっかけをつかみたい……そもそもプロレスのテレビ中継が深夜に移行したことで、女子高生がたまたま試合をテレビで目撃する、というケースは皆無に等しくなった。PPVや配信などプロレスというコンテンツがマニア向けにどんどん特化していったことで、そういう傾向は年々、強くなっていった。女子高生・渡辺未詩がプロレスに興味がなかったのは当たり前の話なのだ。

しかし、どう考えてもプロレスとは無縁ではいられないことに不安はなかったのだろうか？

「もちろん不安はあったんですけど、私、ももクロ（ももいろクローバーZ）さんが大好きでコンサートとかも見ていて。ももクロさんのコンサートってプロレスラーの方が結構、出てきたじゃないですか？　それ以外にもプロレスとの関わりが多かったので、そうか、ももクロさんがこんなにもこだわっているってことは、きっとアイドルとプロレスって近しいものがあるんだろうなって。そう思ったのでプロレスに対する不安感はグッと軽くなりましたね」

ももいろクローバーZは、無名時代からありとあらゆるところにプロレスのエッセンスを注入し、それがおじさんたちの郷愁を誘い、もともとアイドルに興味のなかった人たちを大量に獲得することに成功していた。

小ネタはもちろんのこと、ビッグマッチと称する大箱でのコンサートにはプロレスラーがゲスト出演することが多々あった。武藤敬司、天龍源一郎、新日本プロレスからCHAOSの面々などが登場し、初の東京ドーム公演には蝶野正洋withTEAM2000

がサプライズ乱入。さらにはプロレス会場以外での降臨は異例中の異例だったグレート・ムタまで毒霧を噴きながら見参している（なぜか飯塚高史も準レギュラー的に神出鬼没）。

それらの演出を見ていた渡辺未詩は「あぁ、みなさんプロレスをやっている大きな人たちなんだな」という認識しかなく、どれだけのレジェンドなのかは、当時、知る由もなかったという。しかし、プロレスラーの起用が新規ファンの獲得や満足感につながっていることは認識していたが、まさかアイドル志望の女子高生から、プロレスに対する不安感まで取り除いていたとは……ももクロとプロレスによる意外過ぎる波及効果がこんなところにもあった。

社長に抗議！「もっとアイドルをやらせてください」

プロレスというハードルを飛び越えて、アイドルになる夢を叶えた渡辺未詩だったが、いざ、活動がスタートすると、プロレスの厳しい洗礼を受けて戸惑いまくることになる。

「プロレスをちゃんと見たことがなかったので、道場で練習をはじめても、いったいなにをやっているのかわからなかったんですよ。特に受け身の練習、というか受け身の意味がわかっていなかったので、私はなにをやっているんだろうって。ひたすら後ろにバーンって倒れるだけじゃないですか？　そのたびにマットからホコリが舞い上がって、それを見るたびになんともいえない気持ちになりました」

誰もがぶつかる壁ではある。プロレスを知らないから、なんのためにやっているのかイメージできない。技を受けても怪我をしないように、と言われても、練習の初期はまだ受け身を取ることができないから、技をかけてもらえない。そうなると、本当にただの無為なアクションを延々、続けているような気持ちになってしまう。

「そうなんですよ。本当に心が折れそうになったんですけど、そんなときにふと思ったんです。これってアイドルで言うところのリハーサルやレッスン風景だなって。私はもともとアイドルヲタクなのでレッスンの重要性はよくわかるんですよ。メイキング映像でよく見るじゃないですか？　どんなアイドルもすっぴんでジャージ姿で汗をダラダラ流しながら、必死にレッスンしている。でも、そんな目に見えないところでの苦労が華やかなステージに直結することを知っていたし、それを知っているとアイドルのレッスン中の汗すらもキラッキラに見えるんですよ！　だから、練習で苦しいことや辛いことがあると、アイドルのレッスン風景を思い浮かべて『今、私はこれをやっているんだ！』って言い聞かせてました。それで耐えられましたね」

これはアイドルファンなら頷ける話だろう。

実際、アイドル関係の本などを作っていると、ディープなファンになればなるほど、がっつりと作り込んだスタジオ撮影よりも、ドキュメンタリーっぽく撮ったレッスン風景のページに食いついてくるのがわかる。マニアの大好物というか、レッスン風景は隠れたキラーコンテンツなのである。それに救われたというのが、渡辺未詩にアイドルヲタとしての超リアルを感じずにはいられない。

「でも、そうじゃないですか？　アイドルヲタはいつだって推しの歌声やパフォーマンスで救われるし、人生だって変えてもらえるんですよ！　ただ、やっぱり、なにをやっているのかはよくわからなかったですね（苦笑）。ある程度、受け身が取れるようになって、今度は技の練習になるんですけど、ドロップキックを教えていただいたときにもう混乱しちゃって。ドロップキックって、いま考えたら当たり前のことなんですけど、自分も打ったあとに宙から落ちるじゃないですか？　そのときに受け身を取らなくちゃいけないんですけど、受け身は相手の技を受けるときに必要なものって教えられて、それしか知識がなかったから、えっ、今、私はドロップキックを打って攻めたつもりだったけど、こうやって受け身を取っているってことは本当は私、攻められてる？　みたいな（笑）。それぐらいプロレスのことをわかっていなかったんですよ」

じつはこの時点でジワジワとプロレスの魔力にハマっていたのだが、渡辺未詩がそれに気付くのは、もうちょっとあとのことになる。そんなことよりもまず彼女がどうにかしたい、と思ったのは、練習時間の割り振りについて、だった。

「最初はプロレスとアイドルの練習が半分ずつだと思っていたんですよ。プロレスが週に3日で、アイドルも週に3日とか。それがはじまってみたらプロレスが週に3日で、アイドルとしてのレッスンは週に1日だけ。それ以外の日にもジムでのトレーニングが入るようになって、ほぼ毎日、プロレスの練習になってしまった。

さすがに事務所の社長に言いました。『もっとアイドルのレッスンも入れてください。アイドルとしての活動をもっとしたいです！』って。そうしたら社長に言われたんですよ。『本当はこんなことを言ったらいけないんだろうけど……アイドルっていうのは衣装を着て、マイクを持って踊っていれば、とりあえずはアイドルに見えるんだよ。でも、プロレスは違う。プロレスにとりあえずはないんだよ。しっかりと練習をして基礎を学ばないとリングに立つこともできない。だから、いまはプロレスの練習に時間を割かせてくれ』って」

実際のところ、アップアップガールズ（プロレス）はオーディション合格からわずか2週間足らずでアイドルフェスに出演（しかも会場は横浜アリーナである）。力量はどうであれ、こうやって大きなステージに即、立つことができるのだ。プロレスラーしてデビューするのは、ここから5カ月近くかかるわけで、お披露目までのプロセスは大きく変わってくる。

説明しておくと、アップアップガールズ（プロレス）はプロレスラーとしては東京女子プロレスに上がっているが、アイドルとしては芸能プロダクション「YU-Mエンターテインメント」に所属している。この事務所には当然のことながらアップアップガールズ（仮）やアップアップガールズ（２）らが所属。しっかりとした事務所である。

詳しくは別の章で触れるが、これまでもプロレスとアイドルを融合させようとしたプロジェクトはいくつもあったが、残念ながらうまくいった例はない。ただ、アップアップガールズ（プロレス）に関しては、しっかりとした芸能プロダクションとの合同プロジェクトであることが大きなポイント。立ち上げから、もう６年も経つが、いまでも着実に活動できているという事実がすべてを物語っている。

とはいえ、最初はどうしても試行錯誤になる。先ほどの社長の発言もプロレス団体側が言ったとしたら炎上モノだが、アイドルの運営サイドの言葉だからセーフ。同じ練習量を積んでも成長に格差が出るのがプロレスであり、だからこそ、どれだけ練習に時間を割けばいい、という正解もない。

結果、プロレス漬けになった渡辺未詩はプロレスの面白さ、奥深さにハマっていくことになる。

もうフツーのアイドルには戻れない？

「たしかに辛いから辞めたい、とか、痛いからやりたくない、とは考えなくなってきまし

TJPW

たね。ただ……トレーニングを重ねることでどんどん筋肉がついてきたんですよ（苦笑）。このままだと、もうフツーのアイドルには戻れなくなるな、と。だから、プロレスを辞めるんだったら、いまのうちだとは思うようになっていましたね、アハハハ。プロレスラーとしてデビューしてからは、そんなことも考えなくなるんですけど」

プロレスラー・渡辺未詩にとって最大の武器は、そのフィジカルである。均整のとれた筋肉質なボディーとそこから繰り出される圧倒的なパワー。ふたりまとめてボディースラムで投げてしまう荒業は初見のお客さんを一瞬で虜にしてしまう。それもこれもデビュー前から道場やジムに通いまくった賜物なのだが、逆に考えたら、もし彼女がアップアップガールズ（プロレス）を知らずに、一般的なルートでアイドルになっていたら、プロレス界はこの人材を見つけることができていなかった。

「これまで格闘技をやってきたわけでもないので、私ってこんなに力があるんだってことは、たしかにプロレスをやらなかったら、一生、気付かないで終わったんでしょうね（笑）」

この本の表紙を撮影しているとき「自由にポーズをとってください」と言ったら、瑞希がぴょんと渡辺未詩の背中に飛びついて、おんぶをしてもらうような恰好となった。

次の瞬間、瑞希が叫んだ。

「えっ、なに、この安定感がありすぎる背中は！」

いつもは技をかけるためだったり、マットに押し倒すことしか考えていないから、そんなに意識していなかったが、はじめて身を預けてみて、ちょっとやそっとではビクつかない驚異の安定感を知って瑞希は絶叫から絶句、そして、いつまでも背中から降りようとしなくなってしまった。

いいプロレスラーかどうかは首を見ればわかる、というのは昔から語り継がれてきた格言であり、ぼくもこの業界に入ったばかりのころ、先輩方からしっかりと教えこまれた。首が太い＝トレーニングをがっちりやっている。耳が沸いているのも練習をちゃんとやっている証拠だ、ともいわれるが、首の太さは安定感や強さにもつながってくるので、たしかに説得力がある。

それとは別にぼくの持論として「女子プロレスラーは背中を見ろ」というものがある。さすがに女の子なので、そこまで首は太くならないが、その代わり、背中が広い選手、厚い選手、それこそ瑞希が叫んだ「安定感のありすぎる背中」を持っている選手は思わず期待してしまう。

たとえばセンダイガールズの里村明衣子やスターダムの林下詩美はデビュー戦を記者席から見ていて、そのたくましい背中に将来性を感じまくったし、今、その最たる存在が渡辺未詩だと思っている。

アイドルでもあるのに、いささか失礼になってしまうが、ソロ撮影のとき、背中だけ撮らせてほしい、とリクエストを出した。グッと力を入れると撮影に立ち会っていたスタッ

フがみんな「おおーっ！」と驚きの声をあげた。背中が語るこの説得力、である。

「そんなにすごいですか？　自分では背中って見えないから、わからないんですよねぇ〜」

振り返ってそう笑うアイドルスマイルとのギャップは、やっぱり破壊力抜群だ！

アイドルとしてのポテンシャルは本物か？

２０１８年1月４日。

アップアップガールズ（プロレス）は格闘技の殿堂・後楽園ホールでデビューする。当初は４人で活動していたので（のちに1人が卒業）、その４人によるタッグマッチがお披露目試合となり、渡辺未詩（当時のリングネームはミウ）が勝利を飾った。

ぼくもこの日、後楽園ホールで試合を見ていたのだが……申し訳ないが、まったくといっていいほど印象に残っていない。

正直な話、渡辺未詩が気になるようになったのは、最初の段階ではプロレスラーではなく、アイドルとしてのポテンシャルだった。誰よりも笑顔が大きく、アイドルの現場を知らないプロレスファンを上手に煽って盛り上げていくスキル。あぁ、この子は本当にアイドルという職業が好きなんだな、と伝わってきたし、プロレスよりもアイドルの記事を書くことのほうが圧倒的に多くなっていたぼくとしては、なんとかアイドルとしてもブレイクできないものか、と考えていた。

「やっぱり興行としてみなさんに満足してもらいたいじゃないですか？　だからアイドルとして精一杯、楽しんでもらえるように入場するときから意識しています。それに試合のときって、なかなかお客さんの顔を見る余裕がないんですよね。歌のコーナーは基本的に大会のオープニングにあるので、今日はどんなお客さんが来ているのかな？　って試合の前に確認もしています」

プロレスはブレイクするまで時間がかかる。

過去にはデビュー戦でいきなりスターになってしまうようなケースもあったが、そのパターンをプロレスファンは嫌う。結局、反感を買ってしまい、多くの支持を得るまでにものすごく遠回りをしなくてはいけなくなるので、デビュー即ブレイクはプロレスラーにとって、けっして幸せなエリートコースではない。

だが、アイドルの場合、一夜にしてシンデレラになってしまう、というミラクルな展開が誰にでもある。

近年ではたまたま撮られたライブ中の写真が「１０００年に1人の美少女」としてネット上で拡散され、突如としてスーパーアイドルになってしまった橋本環奈が顕著な例だ。ちょうどあのころ、ぼくは橋本環奈を定期的に取材していたので、人生激変のシンデレラストーリーをリアルタイムで目撃してきた。彼女の場合、一夜どころか「浅草でライブを

やって、そのまま車で博多へ帰ったら、車を降りた瞬間、もう有名人になっていた」という神レベルの展開だったが、それを知っているから、いろいろ夢を見てしまう。

ただ、一夜にしてシンデレラになれたとしても、実力がなかったら、なかなか生き残ることができない、という点はプロレスと同じだ。

プロレスとアイドルの二刀流でやる、ということはシンデレラ的にブレイクできるチャンスが2倍に増える。アイドルとしてブレイクすれば、プロレスラーとしての注目度もアップするし、その逆もまた然り。とにかくどちらかのジャンルで名を売れば、大きな波及効果が期待できる。

しかし、それ以上にリスクというか不安な部分もあった。

それはプロレスもアイドルも中途半端で終わってしまう、ということ。

おそらく周りからは「どちらかひとつに専念すればよかったのに」と批判されるだろうし、なにも残せないで終わってしまう。

だから、でっかい爪痕をどこかで残さなくてはいけない。

何年か前の話になるが、ももいろクローバーZの佐々木彩夏が主宰するアイドルフェス『AYAKARNIVAL』のお手伝いをしたことがあった。開催を発表する前にキャスティング会議があったのだが、その席上でぼくはアップアップガールズ（プロレス）の名前を候補にあげた。

他の出席者も「へぇ〜、そんなグループがあるんだ」と興味を抱いてくれた。このフェスにはアップアップガールズ（2）も出演したこともあるので、ブッキングするのも難しくはないだろう、と。

毎年、大晦日にももクロが開催している『ももいろ歌合戦』の会場には毎年のように渡辺未詩が遊びに来ていて、帰り際に「今度、ももクロさんのライブ会場でプロレスをやることがあったら、ぜひ、私たちを呼んでください」とアピールしていたことも覚えていたので、じゃあ、この機会にという想いもあった。

だが、話はそれ以上、進まなかった。

というか、ぼくが推すのを止めてしまったので、最終的な出演者候補に名前が載らなかったのだ。

猛プッシュすれば、話はちょっと変わっていたのかもしれないが、会議が進む中で冷静に考えてみたら、ものすごく大事なことに気づいてしまった。

よくよく考えたら、ぼくは彼女たちのアイドルとしての本当の実力を知らない……いつも試合会場で1曲だけパフォーマンスしているところを見ているだけで、フェスの持ち時間である30分間をどう使いこなせるかも知らない。はっきり書いてしまえば、プロレス会場で見るパフォーマンスも冷静にアイドルライターの視点からみたら、ちょっと厳しいものがあった。

オープニングマッチ アップアップガールズ（プロレス）デビュー戦

Cygames

そもそも、その時点では持ち歌が数曲しかなかったので、セットリストを組むだけでも結構、大変だ。ステージ上でプロレスをやる、という裏技もあるにはあるが、他のアイドルがみんながっつりライブを標榜している中で、かなり浮いてしまいそうである。

ちなみにこのフェスでは自分たちの楽曲を披露するだけでなく、佐々木彩夏とのコラボ曲も組みこむことになっていた。そうすることで、ももクロにしか興味がない層にも見てもらおう、という趣向なのだが、それだけアイドルたちの負担が大きくなる。そういったことを総合的に考えると、アップアップガールズ（プロレス）を抜擢することは彼女たちのためにならないな、と判断した。

これは彼女たちには話していないことなので、これを読んで「なんで出られるようにプッシュしてくれなかったの！」と憤っているかもしれないが、あの判断は間違っていなかったといまでも信じている。まずはアイドルとして実力と実績を……アイドル・渡辺未詩については、のちほど言及したいと思う。

乃蒼ヒカリだけはプロレスを知っていた

渡辺未詩に限らず「絶対にプロレスラーになる！」という王道ルート以外からリングに上がることになった人たちは、いったいどこに向かっているのだろうか？

普通であれば、プロレスラーになったらチャンピオンベルトを目指す。憧れている選手のようになりたい、と言う人もいるだろうが、やる以上はチャンピオンベルトを巻くことが究極のゴール地点となる。

「私にはその感覚がなかったんですよ。同期の（乃蒼）ヒカリちゃんから『一緒にタッグのベルトに挑戦しようよ！』と誘われたときも、最初は『?』って感じだったんですけど、実際にタイトルマッチをはじめてやってみて、そうか、私はプロレスラーとしてここを目指せばいいんだって。ヒカリちゃん、ありがとう！

アイドルでもオリコン1位になる、とか目標はありますけど、ベルトのように目に見える形ではないじゃないですか？　でも、チャンピオンベルトはちゃんとそこに形があって、試合後の特典会とかでファンのみなさんにも近くで見ていただける。実際にチャンピオンになって、はじめてそれに気付くことができました」

アイドルにはなくて、プロレスにだけあるもの。

ファンと一体に獲得した勲章を、特典会では一緒に撮影したりもできる。そう考えるとベルトを巻きたいと思えるし、少しでも長く防衛したい、と考えるようにもなる。プロレスに興味がないままプロレスラーになった者たちにとって最高のモチベーションがそこにはあった。

そんなベルトの意味を教えてくれた同期の乃蒼ヒカリ。どうして彼女はそれを知っていたのかというと、アップアップガールズ（プロレス）の中で彼女だけはもともとプロレスファンで、プロレスラーになりたくてオーディションを受けていたからだ。

「じつは以前に東京女子プロレスのオーディションを受けているんですよ。そのときに『合格したら学校を辞めて入門します』と言ったら、甲田代表から『いや、それだけはダメです』と言われたんです。『これからの人生もありますから、ちゃんと学校を卒業してから、もう一度、来てください』と。

私はそんなに体が大きくないし、あぁ、これって本当は合格できていないんだけど、大人のみなさんが私に気を遣って、そういう風に言ってくれているんだな、と当時の私は受け取っちゃったんですよね。結局、そのことがずっと私の中にコンプレックスとして残っていて……だから、もう一度、東京女子プロレスを受けるんじゃなくて、あえてアップアップガールズ（プロレス）のオーディションを受けました。自分の過去を塗り替えるために」

プロレスが大好きで、プロレスラーになりたくて仕方なかったから、渡辺未詩のように受け身の練習で戸惑うことはなかったが、まったく逆の悩みが浮上する。

「私、アイドルにはまったく興味がなかったんですよ（苦笑）。ただ、まぁ、歌って踊るぐらいできるだろうって、ものすごく甘く考えていたんですけど、これがとんでもなくキツくって（笑）。レッスンのときにも他のメンバーはアイドルのことをよく知っているから、先生からちょっと指導されただけですぐにできるようになるんですけど、私は専門用語すらわからないから『えっ、なんですか、それ？』って。正直言って、今でもアイドルには慣れていません、アハハハ！

　最初のころは完全に浮いていたと思います、私。みんなでアイドル話で盛りあがっているところにも入れなかったし……でも、それ以上に悔しかったのはデビュー戦で私が負けたことです。ファンの人も知っているんですよ、メンバーの中でプロレスファンだったのは私だけって。その私が負けるって、やっぱり恥ずかしいし、情けないじゃないですか。本当に悔しかったです」

　高校生のころに見た蛍光灯デスマッチに衝撃を受けた、という乃蒼ヒカリはハードコアスタイルを前面的に打ち出すことでプロレスラーとして覚醒。誰よりも早くインターナショナル・プリンセス王座のベルトを巻いた。そして、２０２３年にはついに念願の蛍光灯デスマッチを実現させるのだが、その代償として、背中に大きな裂傷を負ってしまった。その傷はいまでもしっかりと残っている。女性が肌に永遠に残ってしまう傷を作ることはさすがにショックだろう。

「いや、全然、そんなことないですよ。蛍光灯デスマッチのリングに入った時点で、どれだけ多くの傷を残せるかが勝負だな、と思っていたので（笑）。しばらくはＴシャツを着たままリングに上がっていたんですけど、あぁ、これはずっと残る傷だなぁ～って」

　乃蒼ヒカリは完全に腹を括ってデスマッチのリングに上がっていた！

その昔、それこそ30年近く前になるが、ＦＭＷの女子部で世界初の女子による有刺鉄線デスマッチをやろう、となったとき、ほとんどのファンから「女の子の肌に傷が残るような試合を実現させるな！」と大ブーイングを食らったことを思い出した。

正直、それには僕も同意見だったのだが、選手たちが「そんなことはどうでもいい」と腹を括っていることを知って、なんとか実現できるように奔走するようになった。それでも実際にノーロープ有刺鉄線デスマッチが実現するまで、じつに7カ月以上の時間を要した。プロレスファンのアレルギー反応を取り除くには、それだけ長い期間が必要だった。それを思うと、アイドルもやっている女子プロレスラーが蛍光灯の海に飛びこんでいき、それを見たファンが、乃蒼ヒカリの夢が叶うのならと素直に応援してくれるというのは、本当に隔世の感がある。

「デスマッチのあと、たくさんアイドルフェスに出たんですけど、あるとき、お客さんの前を歩いていたら、私たちのことを知らない人が『ねぇ、見た？　あの子、背中にものすごく大きな傷があるんだけど……』って、まるで見てはいけないものを見たかのように話していたんですよ。

その声を聞いたときに心の中でガッツポーズをとりましたね。デスマッチでできた傷のおかげで、私のことを知らない人たちも私に気付いて、インパクトまで残したんですから。フェスの楽屋でも、いままで『私、プロレスもやっているんですよ』と自己紹介をしても、体が大きくないからか『へぇ～、そうなんだぁ～』ぐらいのリアクションが多かったんですけど『私、蛍光灯デスマッチをやったんですよ』と言うと、みなさん『ええーっ、なにそれ！』って、ものすごく興味を持ってくれる。それだけでもデスマッチをやった甲斐があったな、と本当に思います」

たしかにアイドルがプロレスを、というのは、そこまで珍しいことではなくなってきたが、アイドルがデスマッチを、となると、その字面だけでも誰もがおっ！　となる。アップアップガールズ（プロレス）をより世間に届かせるには、乃蒼ヒカリ独自のレスリング道が大きなカギとなってくるのかもしれない。

のんびり鉄オタ娘・らくが拓く異能路線

王道スタイルの渡辺未詩。

デスマッチ上等の乃蒼ヒカリ。

5年の月日を経て、まるっきり別方向に弾けていったふたりだが、もうひとりの1期生・らくもまた独自の世界観を邁進している。

彼女もまたアイドルになりたくてオーディションを受けた。小学生のころ、モーニング娘。の久住小春が演じた『きらりん☆レボリューション』の（月島）きらりを見て「私もきらりちゃんになりたい！」と思ったのが原体験だった、という。

「小学3年生のとき、劇団に入ったんですけど、もう楽しくて楽しくて。土日のレッスンが当時の生きがいでした。レッスンのために平日の学校をがんばれたぐらい（笑）。そのときにステージに立ってダンスを披露する機会があったんですね。ステージから見た景色が忘れられなくって。また、あの光景を見たい！　って思ったんです」

48グループから地下アイドルまで、あらゆるオーディションを受けたが、なかなか思うようにいかない。そんなときに出会ったのがアップアップガールズ（プロレス）の存在。もちろん、プロレスに興味はなかったが、プロレスのことを知らないから、むしろ不安もなかったのだという。

「アイドルがスポーツをする、というぐらいの認識ですよね。東京女子プロレスにはかわいい選手がたくさんいるので『あぁ、かわいい子ってなにをやってもかわいいんだなぁ～』って（笑）。オーディションを合格してすぐはわけもわからずにやってきたんですけど、どんどんいろんなことがわかってくると、だんだん辛くなっていくんですよ。私は後転すらできなくて、でんぐり返しがかろうじてできるぐらいのレベルだったので、座った状態から受け身を取ることすら怖かった。だから……こんなこと言っちゃっていいのかな？　最初のころはもう別のアイドルグループに移りたい！　って考えてました（笑）」

まさに「なんでこの娘がプロレスをやっているの？」の典型例。実際、プロレスラーとしてデビューを果たしても、どんどん先を走る渡辺未詩と乃蒼ヒカリの後塵を拝し、自力初勝利を飾るまでじつに2年もかかったが、周りが思っているほど焦りはなかった、という。

「よく『仲間がベルトを取りましたが、どう思いますか？』とか質問されて、それはめっちゃ嫌でしたけどね。基本的に人に興味がないので、私は別になんとも思っていないのに、周りはすぐに比較したがるじゃないですか？

　私はプロレスって勝ち負けの重要度はそんなに高くないと思っているんですよ。いちばん大事なのは見ている人の心を動かすこと。2つ目はがんばっている姿を見て笑顔になってもらうこと。そして3番目が勝ってファンの方に喜んでいただくことだと思っています。なかなか勝てなかったので、3番目はしばらく気が付かなかったんですけど（笑）。こうやって見ると、アイドルとプロレスの共通点って多いですね～」

　独自の路線を歩む彼女は幼いころからの鉄オタ。近年、開催されることが増えた「電車プロレス」への出場を夢見ているが、なかなか実現しない。2023年に史上初の快挙として話題になった「新幹線プロレス」も皮肉なことに、その日、名古屋で試合があったため、参戦も観戦もできなかった（新幹線車内での試合は東京～名古屋間で開催。名古屋での試合時間と重なっていたため、参戦は不可能だった）。その夢は2024年に持ち越すとして、普段のリングでの目標はどこにあるのか？

「プロレスラーとしていままでにない世界観を切り拓いていきたい。いつかは『おやすみエクスプレス』（倒れている相手のお腹を踏みつけ、駆けまわり、最後はおやすみなさい、と相手の上で眠りながらフォールを奪うというオリジナル技）を出すだけで、お客さんがみんな『今日は来てよかった』と満足してくれるような存在になりたいですね。

ベルトも一度は巻きたいですし、アイアンマンのベルトは狙っていますけど、基本的にはいま、完全にいい意味で『無』なんですよ。アイドルとしても、もうやりたいことというか、目標としていたことはすべて達成してしまったので」

この話を伝えると渡辺未詩は目を丸くして「えーっ！　アイドルとして、なにを達成したんだろう、私たち」と絶句した。

らく曰く「アイドルとしてTIF（TOKYO IDOL FESTIVAL）に出て、スマイルガーデンのステージに立つ。横浜アリーナでパフォーマンスする（フェスで実現）。アイドルとして遠征する」の3つをクリアできたから満足、と言うが「あっ、まだ日本武道館でやっていなかったですね。そこを目指してがんばります」と笑った。

「私、天職ってひとつだけじゃないと思っているですよ。たくさんある天職の1個がプロレスで、1個がアイドル。だから、プロレスに出会えてよかったし、いろいろあってのいまの結果じゃないですか？」

ほんわかした口調ながら、真理をつく発言。らくがいるからアップアップガールズ（プロレス）は予測不能な面白さを内包できているのだと思う。

元バスガイドが悪戦苦闘するプロレス街道

ちょっと時間はかかったけれども、アップアップガールズ（プロレス）はみんなプロレスラーとして、見事な進化をとげた。まさか、ここまでバラバラな個性が突出するとは思っていなかったが、これもまたプロレスの自由度の高さがもたらした結果である。ただ、アイドルとしては、かなり異色である。もちろん、アイドルも個性は大事だが、それぞれグループならではの色や特色があって、そこには統一感も出てくる。しかし、そういったものはまったく感じられないのだ、アップアップガールズ（プロレス）からは。

「たしかにそうですよね。プロレスラーとしてはそれでいいと思うんですよ。組んでも、闘っても面白くなるので。ただ、アイドルグループとしては……まぁ、当たり前なんですけどね。だって、普通、アイドルのオーディションって『こういうグループを作ろう』と考えて、そのイメージにあった子を合格させるじゃないですか？　でも、私たちの場合、合格基準でいちばん大きかったのって『プロレスもアイドルも両方できるか？』だったと思うんですよ（笑）。そりゃ、ひとつのカラーでまとまるわけはないし、それでいいんじゃないかな」

そう語る渡辺未詩は、長く続いた乃蒼ヒカリ、らくとの3人体制がもはや愛おしい存在になりすぎて、新メンバーのオーディションをする、と聞いたとき「正直、メンバーが増えるのは嫌だなぁ〜って思いました」という。

「でも、新メンバーとして加入してくれた鈴木志乃ちゃんが、まるで最初からずっと一緒にいたかのように馴染んでいて。それにメンバーが増えれば、アイドルとしての可能性は広がるわけで、いまでは入ってくれてありがとう！　って気持ちです」

鈴木志乃は元バスガイドという異色の経歴の持ち主。年齢も25歳ということで、落ち着いたお姉さんなのかと思いきや、じつはとんでもないポンコツキャラだった。そんなこともあって、誰からも愛される存在となった。しかし、当の本人はいつも必死だ。

「私、こう見えて負けず嫌いなんですよ。ただ、プロレスラーとしてはまだ勝ったことがなくて、負けてばっかりだから、負けず嫌いなことを証明できないんですよ……」

アイドルに憧れながらも、なかなか夢はかなわず（AKB48グループのドラフト会議にもエントリーしていた！）、一度は就職。そう、バスガイドという立派な会社員だ。そのことが彼女の運命をちょっと変える。

「就職してもアイドルの夢は諦められなくて、アップアップガールズ（仮）さんのオーディションに応募したんですよ。それで最終選考まで残ったんですけど、いま私が会社を辞めたらどうなるんだろう？　もうすぐ新入社員が入ってくるけど、引き継ぎもできていないのに仕事を放り出していいのか、とか考えちゃって。もっと言えば『アイドルって福利厚生はどうなっているんだろう』みたいな（苦笑）。会社員を経験したことで、より考えることが増えちゃって、オーディションを辞退させていただいたんです」

おもいきってトライしていればアイドルになれたかもしれない……その悔恨は鈴木志乃の頭の中にずっと残り「よしっ、次にYU-Mエンターテインメントがオーディションを開催したら、絶対に受けよう！」と心に決めた。そして、そのタイミングで募集がスタートしたのがアップアップガールズ（プロレス）だった。プロレスに興味はまるでなかった、というか一度も見たことすらなかったが、絶対に受けようと決めていたから、とにかくチャレンジするしかなかった。結果、合格。二転三転したアイドルへの道は、プロレスラーとの兼業という形でスタートしたが、はじめてのプロレス体験は予想以上にハードだった。

「なんにもできないんですよ、私。最初はみんなそうだって言うかもしれないですけど、東京女子プロレスの同期はもともとプロレスが好きだったり、ＹｏｕＴｕｂｅの企画でプロレスを経験したことがあったりするんですね。その差はやっぱり大きいし、それはプロレスラーとしてデビューしてからも、すごく感じています」

ややこしいのはアイドルとしてはすでにデビューしていたこと。プロレスラーとしてデビューできる日がまったく見えないのに、時にはリングの上で歌わなくてはいけない。それが耐えられず「まだ練習生なので、リングに立ちたくない！」と歌うことを拒絶したこともあったという。

「そのとき、事務所の社長に言われたんです。『たしかにプロレスラーとしては練習生かもしれない。でも、アイドルとしてはデビューしていますよね？　アイドルとして、プロの責任をはたしてください』って。そのひとことでハッとしました。アップアップガールズ（プロレス）として活動していく、アイドルとプロレスを両方やっていくって、こういうことなんだって。メンバーとしてはじめて自覚しましたね」

彼女に限らず、アップアップガールズ（プロレス）のメンバーはみんな未経験者なのに、いきなり二刀流にトライしている。どちらか一方でも経験していれば、きっと、もう少し、順調に話が進むのだろうが、どちらもゼロからスタートするからこそ意味があるのだと思うし、いままでにない存在になれるはず。生みの苦しみを体感できるのは、ある意味、幸せなことでもある。

デビューしても連戦連敗。タッグを組んだ先輩が勝利を拾ってくれることはあるが、2023年12月1日時点で自力での勝利はまだ、ない。

「それは仕方ないことだと思っています。一生懸命がんばっていますけど、それは他の選手も同じだから、イッキに差が縮まることはないんですよね。ただ……対戦カードに私の名前が入っていると、お客さんに『あぁ、この試合は鈴木志乃が負けるな』と思われるのはプロとしてダメだし、悔しいです。時間はかかるかもしれないですけど、がんばります。私、こう見えて負けず嫌いなので！」

プロレスラーとしてはダメかもしれないけれど、アイドルとして「がんばれ！」と言いたくなるような存在、守ってあげたくなるような存在であることは大きな武器であり、才能でもある。２０２３年の夏以降、負けず嫌い魂が試合の中で垣間見える瞬間が多くなり、その気迫で客席をドッと沸かせることも増えた。鈴木志乃の進化はそのままアップアップガールズ（プロレス）の進化につながる。

「疲れたな、と思うときもあるんですけど、道場やジムに行くと、いつでも未詩さんが練習しているんですよ！　東京ドームにも出て、プロレスラーとしてもう確固たる地位を築いているる未詩さんがこんなにがんばっているんだから、私はもっともっと練習しなくちゃダメだ！　って励みになります」

令和の時代にも努力・汗・友情の世界観は存在する。

それがアップアップガールズ（プロレス）なのである。

夢のまた夢、東京ドームで感じたこと

2023年2月21日。

渡辺未詩はプロレスラーとして東京ドームに到達した。

「武藤敬司さんの引退試合という時代を変える瞬間のような興行に参加させていただけたことは光栄なんですけど、正直、対戦カードが発表されたときには『えっ？』となりました。まさか、私の名前が入っているとは思わなかったので。

だって、ほかのメンバーと比べたら、私だけ圧倒的に経験が足りてないんですよ。たしかに荒井（優希）ちゃんはプロレスラーとしてのキャリアは浅いですけど、アイドル歴は10年もあるじゃないですか？　そうです。こういうとき、私は『人前に出て活動してきた時間』を歴として考えるんです（笑）。そもそも、荒井ちゃんはSKE48のメンバーとして東京ドームに立っているし、48グループで運動会までやっているんですよ！」

荒井優希の章では紙幅の関係で触れなかったが、実際、彼女はすでに東京ドームを何度も経験済み。ドームで運動会、というのがコロナ以前のアイドルブームのものすごさを感じてしまうが、そんな経験をしてきているので荒井優希はどんな大きな会場でも緊張することはない、という。この日もコーナーで待ちながら「上を見たらドームの屋根があって、みんなすごい場所ですごい試合をしているなぁ～」と感慨に浸っていたらしい。

だが、普通の人はドームとなったら緊張するし、頭も真っ白になることだってある。渡辺未詩もやっぱりそうだった。

「いままでもさいたまスーパーアリーナとか両国国技館で試合をしてきましたけど、どこも先輩方が経験している会場だったので、そこは頼れるというか、お任せしますって感じだったんですけど、東京ドームは先輩方も初体験だったので、それは緊張しますよ！　だからこそメンバーに荒井ちゃんがいてくれて、本当に心強かったし、この８人での試合でよかったです。最高の８人ですよね」

　これはあくまでもプロレスラーとしての想い。リングまでの長い花道を歩きながら、アイドルとしては、また違った複雑な感情を抱いていた。

「２０２３年という時代にアイドルが東京ドームに立つことがどれだけ大変なことかは当然、わかっていますけど、それ以前の問題として、いろんな想いが駆け巡りましたね。

　私がアイドルとして考えていた目標っていうのは、まずＣＤデビューして、そのリリースイベントを池袋のサンシャインシティ噴水広場でやる。そこから単独ライブを開いて、ＴＤＣホールでのコンサートから日本武道館へ、みたいな。それがなにひとつ実現していないのに、すべてすっ飛ばして、私はいま東京ドームに立っていると考えたら、私のアイドル人生、どうなっているんだろう？　って（笑）。アイドルとしては夢のそのまた夢だった東京ドームの花道を歩きながら、ちょっと頭の中は混乱していましたね」

　そして、リングに上がると広い東京ドームをパッと見渡して、すぐにプロレスラーとしてのスイッチが入った。

「たくさんお客さんがいるのが見えたんですけど、きっとこの9割ぐらいは私のことを知らないいんだろうなって。そう考えたら、もうワクワクしましたね、ウフフフ」

別に特別なことをしたわけではない。いつも東京女子プロレスの会場でやっている試合をするだけだ。それでもはじめて見る人からしたら、選手の技ひとつひとつが「特別なこと」に映るはず……そんな手応えはすぐに確信に変わった。まるでドームの空気をいっぺんにかきまわすようなダイナミックなジャイアントスイングで、第0試合とは思えないどよめきと歓声がドーム全体を包みこんだのだ。

彼女のジャイアントスイングだけでなく、8人の凄技はことごとく観客に刺さり、どんどん客席がヒートアップしていく。その中で荒井優希はちょっと損をした印象だった。他の技の大きなアクションと比べて、かかと落としはドームでは少し地味に映る。しかし、そんな荒井優希の闘いを最大限に評価していたのが渡辺未詩だった。

「たしかにそう映ったかもしれないですけど、荒井ちゃんはそれでも真剣に闘っていたじゃないですか？　アイドルがプロレスをやっているんですよ、みたいなアピールもなかったし、お客さんもそうは見ていなかったと思います。カッコいいな、素敵だなって試合中に思っていたし、私は東京ドームでプロレスラー・荒井優希の意地を見ました」

この試合は無料で配信されていたため、SNSも瞬時に湧きたった。「今、ジャイアントスイングをした子は誰だ？」「現役アイドルらしいよ！」「えっ、プロレスラーじゃなくてアイドルなの？」」。東京ドームで生観戦しながら、ＳＮＳもチェックしていたのだが、本当に日本中に渡辺未詩の存在が広がっていく様が手に取るようにわかった。それだけのインパクトをわずか1試合で残してみせたのだ。

「なんかＴｗｉｔｔｅｒ（現・Ｘ）でトレンド入りしたって聞きました。東京ドーム、アイドル、ジャイアントスイング。この3つの言葉が並ぶなんて、普通、ないじゃないですか？　でも、それができるのがアップアップガールズ（プロレス）なんですよ！」

一夜にして世間に広まった「東京ドームでジャイアントスイングをするアイドル」だが、渡辺未詩はそんな名刺代わりの大技をあえて使わないようにしよう、と考えはじめていた。

ジャイアントスイングだけに頼らない闘い方

衝撃の東京ドームから数週間、アップアップガールズ（プロレス）は渋谷で開催されたアイドルフェスに参加した。

コロナ禍でアイドルシーンは大打撃を受けた。彼女たちもほとんどアイドルとしてステージに立つことができていなかったが、このフェスは久々の声出しＯＫということもあり、たくさんの観客でにぎわっていた。

そのステージで彼女たちがまず見せたのはプロレスだった。

ステージの上にマットを敷いてのマットプロレス。つまりリングではないからロープもなければ、コーナーポストもない。女子プロレスの華であるアクロバティックな攻撃は使えないわけで、かなり闘いは限定される。これはプロレスラーとして鍛えられる場だ。

そんな条件下で映えまくったのが渡辺未詩のジャイアントスイングだった。ついこのあいだ、東京ドームを沸かせた技がキャパ500人にも満たないライブハウスで見られる、というプレミアム感も相まって、いままで以上にありがたく見えた（そのあとに1曲だけ披露する、という異色すぎるセットリストだったが、試合で腰を痛めた鈴木志乃が踊れなくなるアクシデントも）。

ジャイアントスイングという技が育っていっている。

惜しくも手放してしまったがインターナショナル・プリンセス王座のベルトを巻いていたときは、海外からのチャレンジャーを迎え撃つことが多かった。だいたいが巨漢である。しかも前哨戦なしでいきなりタイトルマッチというケースもあり、この防衛ロードは渡辺未詩のプロレスラーとしての器量を試されることにもなったのだが、はたしてでっかい外国人をジャイアントスイングで回せるのか？　というところが試合の焦点にもなり、そこでも「渡辺未詩のジャイアントスイング」はかなり育ってきている。

そんな中、おやっ？　と感じた試合があった。

それは２０２３年8月12日、後楽園ホールでのこと。

この日のメインとセミはトーナメントの準決勝で、その前に組まれたのが準々決勝で敗れた４人によるタッグマッチだった。

そこに渡辺未詩の名前があった。

前年夏のトーナメントでは決勝に残っているので、この年の優勝候補の最右翼として渡辺未詩を推す声は多かったのだが、早々と準々決勝で散ってしまった。だから、悪い表現を使えば、この日のタッグマッチは消化試合になってしまう。

ところが空気は違っていた。

いつもよりも渡辺未詩がピリついている、いや、もっといえば殺気に満ちているように感じた。「なんで準決勝に私の名前がないんだ！」とみずからへの怒りをぶちまけているかのごとく。気が付けば、この試合でジャイアントスイングは出なかった。それより印象的なのはものすごい勢いで投げ捨てたボディースラムと、そのあとの怖い表情だった。

「えっ、私、そんな風に見えましたか？　いやぁ〜、どうだろう。試合から時間が経っちゃうと、そのときの感情は忘れちゃいますよね(苦笑)。もちろん悔しさはあったと思うし、スラム一発でバシッと決めよう、と思っていたのも間違いないです。

ジャイアントスイングは出せなかったんじゃなくて、あえて出さなかったんです。いつぐらいからかな？　東京ドームがあって、夏ぐらいから意識してあんまり使わないようにしてきたんですよ。たしかに『ジャイアントスイングの子』として認知していただいているのもわかっていますし、そういう方たちに楽しんでもらうにはどんどん使ったほうがいいと思うんですけど、プロレスラーとしてもっと強くなるためにどうしたらいいだろう、と考えたとき、ジャイアントスイングばかりに頼っていたら、私、成長できないって思ったんですよね」

デビューから5年。

東京ドームで話題になったことを利用するのではなく、一度、立ち止まって、今一度、足元から固めていくのは、これから先もまだまだプロレスを続けていきたいからだった。

「もちろん、まだまだ続けていきますよ。Berryz工房さんの楽曲に『普通、アイドル10年やってらんないでしょ!?』がありますけど、私の場合『普通、プロレスとアイドル10年やってらんないでしょ!?』って歌いたいですよ（笑）。10年だとあと5年ぐらい？　そうですね、30歳ぐらいまではやりたい。どこかでスパッと辞めるのも美学だと思うんですけど、私の場合、中途半端なところで辞めたらおばあちゃんになっても後悔しそうなんで（笑）」

いまや女子プロレスラーにとって30歳を超えて現役というのはけっして珍しくない。むしろ、そこから円熟味が増していく。アイドルも30歳は特別な話ではないけれど、そういう風潮を作ってくれた柏木由紀がＡＫＢ48からついに卒業することで、２０２４年はちょっと風向きが変わるかもしれない……まさに新しい歴史が刻まれようとする令和の世を渡辺未詩はアイドルとプロレスの二刀流で突き進もうとしている。

まさに夢！　アイドルとして全米進出？

さて、最後にアイドル・渡辺未詩についてまとめておきたい。

コロナ禍でアイドル活動が大幅に制限されてしまったアップアップガールズ（プロレス）。それまでは他のアイドルとの対バンを盛んにやってきたが、それができなくなってしまったことは痛手だった。

だが、プロレスはしぶとかった。

会場に観客を入れることはできなくても、配信をメインとする無観客興行で早い段階から大会を再開。毎回、試合前に歌のコーナーがあるので、アップアップガールズ（プロレス）は毎週のように歌う機会を与えられた。コロナ禍でもっとも多い回数、ステージに立ったアイドルと言っても過言ではないかもしれない。

２０２２年7月に声出しが部分的に解禁されたとき、渡辺未詩はまだ試合がはじまってもいないのに、歌のコーナーで感涙を流した。客席とのコール＆レスポンスはそれだけ嬉しかったし、アイドルって本当に素晴らしい、とも実感できた。歌うことを諦めなかったから、この日の涙があったのだ。

そして、もうひとつ思わぬ波及効果があった。

東京女子プロレスの試合は配信で見ることができるが、会員登録をしていれば海外からの視聴も可能となっている。じつはこのサービスを開始した当初は海外の会員のほうが多かったぐらいで、それだけアメリカのプロレスファンは女子プロレスに飢えていたのだ。

もちろん全試合を視聴することができるのだが、そこにはアップアップガールズ（プロレス）の歌のコーナーも含まれていた。本人たちはそんなに意識していなかったが、彼女たちのパフォーマンスは毎週のように全世界に向けて配信されていたのである。

２０２３年春に東京女子プロレスがアメリカで興行をおこなったとき、渡辺未詩はリングで歌を披露した。そこで観客の反応にびっくりする。

「アメリカのファンの方が私たちの楽曲を聴いてくれている、という話は知っていたんですけど、私が歌ったら、みんなで『オイ！　オイ！』って声援を送ってくれたんですよ！

きっとアメリカには日本のようなアイドル文化はないと思うんですよね。だから、あっ、私はいま、アメリカにアイドル文化を広めている！　って（笑）」

日本のアイドルの海外進出はアジア圏ではよく聞くが、欧米での成功例はほとんど聞かない。それこそピンクレディーまで遡るか、もはやアイドルの枠ではないかもしれないが海外でツアーまで展開しているBABYMETALぐらいのものである。

言葉の問題や文化の違いなど、難しい要因はたくさんあるが、世界共通言語の「プロレス」はそんな壁を簡単に取り除いてくれる。

「最初はアメリカで試合をして、歌うなんてって緊張していたんですけど、OCHANORMAさんの『ウチらの地元は地球じゃん！』という楽曲を思い出して、あっ、アメリカだって地元じゃん！　って考えたら、気持ちが楽になりました。本当に推しはいつだって私を助けてくれるんですよ！」

荒井優希が東京女子プロレスに参戦したときには「本当のアイドルが来てしまった」と焦ったとも言うが、改めてプロレスとアイドルの二刀流を貫いている自分たちが「唯一無二」の存在であることに気が付いた。プロレスラーとして一定の評価を得た今、アイドルとしてどれだけ飛躍できるかが、今後のカギとなってくる。

「2023年は単独ライブを2回もできて、やっと事務所も私たちがアイドルだったことを思い出してくれたようで本当によかったです（笑）。17歳でアイドルになったときにも結構、年齢的にはギリギリかなって思っていたんですけど、24歳になった今、さぁ、アイドルにも本腰を入れて活動していきますよっていうの遅すぎないかなって（苦笑）。ただ、唯一無二の存在として、もっともっとがんばっていきますよ」

最後の最後にちょっといじわるなことを聞いてみた。自分のプロレスラーとしての実績

WRESTLECON

を記憶したまま17歳に戻れたとしたら、あなたはアイドルを目指しますか？　プロレスラーを目指しますか？

「うわぁ〜、これはちょっと……空気が読めなくて申し訳ないんですけど、選べませんね、どっちも。アイドルになりたいのはもちろんなんですけど、プロレスがなかったら、私はアイドルになれていなかったわけで……だから選ぶとしたらアップアップガールズ（プロレス）なんだと思います」

２０２３年６月、アップアップガールズ（プロレス）は新宿ＦＡＣＥで単独ライブをおこなった。ステージとリングを両方組んで、ライブと試合を交互に見せる、彼女たちにしかできないエンターテインメントを展開した。

この構成で後楽園ホールで興行を打ったら面白いな、と思ったし、いつの日か、日本武道館で開催することができたら、こんなに夢のある話もない。いや、大谷翔平がメジャーでホームラン王を獲得してしまうこの時代、二刀流には無限の夢がある！

第3章 瑞希

「なにもの」にもなれなかった少女が
アイドルを諦めて、プロレスに専念したら、
はじめての「自我」が芽生えた

MIZUKI

1995年3月16日生まれ。2012年デビュー、2017年4月から東京女子プロレスにレギュラー参戦している。2020年11月に正式入団。伊藤リスペクト軍団加入を経て、坂崎ユカと“マジカルシュガーラビッツ”を結成してプリンセスタッグ王座も獲得。団体最高峰のプリンセス・オブ・プリンセス王座も2023年3月に奪取した。得意技に回転式ボディーアタック「渦飴」がある。

日本の女子プロレスラーの中でいちばん細い

「きっと私、日本の女子プロレスラーの中でいちばん細いですよね」

ロングインタビューの収録のため、ちょこんと椅子に座った瑞希はそうつぶやいた。

正直「えっ！」と声が出てしまった。

たしかに瑞希はプロレスラーとして、かなり小さい部類だが、試合を見ていて、ポキッと折れてしまいそうだなと心配になったことはないし、２０２３年はチャンピオンとしての堂々たる闘いぶりを見てきたから、小ささが気になることはほとんどなかった。

しょっちゅう試合を見ているのに、どうして気が付かないのか？　と言われてしまいそうだが、他団体だと選手のコールのときに「○○パウンド」とか「○○kg」とか紹介されるから、嫌でも意識するし、いまだにジャイアント馬場は３００パウンドだと脳にこびりついている。だが、東京女子プロレスではコールされるのはキャッチフレーズとリングネームだけで、身長や体重のデータはいっさい出てこない。

男子の場合、ヘビー級とジュニアヘビー級が明確にわかれているので、１０５kg（あるいは１０２.５kg）より上か下は、チャンピオンベルトの資格にも関わってくるから、なにげに重要なデータになってくるが、女子は特に階級がない。だから、コールする必要もない。

　もうひとつ、ぼくがプロレス会場よりもアイドルの現場に行く回数のほうが圧倒的に多くなり、どこかで縮尺の感覚がおかしくなっているのかもしれない。ＡＫＢ48グループの取材で小学生まで取材していると、もうどれぐらい標準的な身長なのかもわからなくなってくる。

　そういえば荒井優希の取材のとき、身長の話になった。

　彼女の公式発表されている身長は１６４㎝なのだが、リングに立っている姿を見ていると、もうちょっと高く感じる。それはリングでの立ち居振る舞いがそう見せてくれているのかな？　と話していたら、荒井優希はこんなことを言った。

「最近、本当に背が高くなっている気がするんですよね。試合や練習が続いて、しょっちゅう整体を受けていたら、あれっ、背が伸びた？　って」

　なるほど。たしかにがっつり整体をやってもらうと、帰り道には背筋がシャンと伸びて、背が伸びたような気がする。もちろん、それは一時的なものなのだが、毎日のように整体を受けていたら、一時的な効果がずーっと続いて本当に背が伸びちゃう？

「いや、そんな気がするだけです（笑）。それに１６４㎝っていうのも、ちゃんと計ったわけではないので、もし、背が伸びたかもって身長を計って、１６４㎝なかったらみっともないから、計って確認しなくていいです（苦笑）」

プロレスならではのファンタジーを守るためにも、このあたりは曖昧にしておいたほうがいい。すっかり話が逸れてしまったが、瑞希の体格については彼女のプロレスラー人生を語る上でかなり重要なカギになってくるので、あえて冒頭にこの話を持ってくることにした。どうか、頭の片隅に置いて、この章を読み進めていただきたい。

さて、そもそもの話、である。

なぜ、こんなに小さくて細い瑞希はプロレスラーになったのか？

いや、アイドルはわかる。正直、アイドルの中に入っても、瑞希は小柄な部類に入る。ものすごく適性があると思うのだが、プロレスラーになろうと思った理由がまったく想像できない。そのあたりを彼女の高校生時代にまで遡って紐解いていこう。

ふとしたきっかけで、いきなり二刀流！

瑞希がプロレスの世界に足を踏み入れるきっかけとなったのは２０１１年のこと。いまから13年前、瑞希はまだ高校生だった。

「友達から連絡があったんですよ。東京でアイドルとプロレスを両方やるプロジェクトに参加しているんだけど、すごく面白いからオーディションを受けてみたら？　って。それがきっかけですね」

第2章で渡辺未詩が所属するアップアップガールズ（プロレス）をアイドルとプロレスの二刀流を貫く「唯一無二」の存在、と紹介したが、けっして「元祖」というわけではない。同じようなコンセプトの試みは過去にはいくつもあった。

そもそも昭和の女子プロレスのスターシステムは期待の若手でタッグチームを結成↓人気が出る↓歌手デビュー↓一般メディアで注目される、というのが王道だった。

つまり、プロレスラーとして人気が出ればアイドル歌手になれたのだ。

70年代のビューティーペア、80年代のクラッシュギャルズと爆発的なブームが起きたが、そこには要するにブームが起きるたびに女子プロレスラー志望の女の子が殺到し、次のスター候補がどんどん入ってくる、という好循環を生んでいた。だが、90年代の対抗戦ブームでは客層が男性メインになってしまったため、客席からリングに憧れる人材が激減。これが長い冬の時代へとつながっていってしまう。

話がどんどん逸れていってしまうが、そういった土壌があったため、女子プロレスとアイドルの両立は定期的に浮上してくるテーマでもあった。それがなかなかうまくいかないのだが……プロジェクト自体は頓挫しても、必ず何人かはその後、プロレスラーとして大成しているので、人材発掘の手段としてはけっして間違ってはいない。

瑞希もその中のひとり、である。

おそらく、それまでの基準だったら、瑞希は体格的に書類審査で落とされていた可能性が高い。それ以前の問題としてプロレスにまったく興味のなかった瑞希がリングにあがることはまずなかっただろう。

「そうですね。プロレスのことはまったく知らずに入っちゃいました。アイドルも歌ったり踊ったりしてキラキラしているなって印象はあったけど、私はどうしてもなりたいっていうわけではなかったんですね。だからプロレスラーになりたいわけでも、アイドルになりたいわけでもない。なんになりたかったか？　う～ん……なにものかになりたかったけど、なにものでもないって感じですかね」

友達の誘いに乗って、面白そうだな、と足を踏み入れたプロレスとアイドルの二刀流。その当時はそんなジャンルはなかったから、存在自体がなにものでもない。これがプロレスラーになりたい、アイドルになりたい、という話だったら、もう少し、周りも理解してくれたかもしれないが、当然のことながら家族からは猛反対されてしまう。

「その反対を押し切るようにして、神戸から東京に出てきちゃいました。まだ高校生だったので、わざわざ東京の通信制のところに転校までして。寮に入ることが条件だったから、そうするしかなかったんですよ」

高校3年生になるのを待って、２０１２年の春に上京・入寮。

二刀流は二刀流だったけれども、ちょっと想像していた生活とは違っていた。

「毎日がプロレスの練習でした。週末にアイドルとしてライブに出る。試合があるときは会場に行って、セコンドについたりもしましたけど、そこまで試合数が多かったわけではないので」

このあたりは渡辺未詩と同じような環境である。どうしてもプロレスは基礎を身に着けるまでに時間がかかるから、アイドルのレッスンよりも優先せざるを得ない。さすがに週5日はどっぷりプロレス漬けというのは、もうほぼほぼプロレスラーだが、そんな日々に瑞希は「感謝している」という。

「最初はやっぱり辛かったですよ。みんな言っていると思うんですけど、やっぱり受け身ですよね。プロレスを知らないから、なんの練習かよくわからない（笑）。とにかく怖いじゃないですか？　普通に生活していて、なにかにつまずいて前に転ぶことはあっても、頭から後ろに倒れることとなんてないし、もしあったら大変なことになる。それを毎日、やらなくちゃいけない、というのは辛かったですね。

でも、いま考えてみたら、約5年かな？　そういう毎日を送らせていただいたことで、受け身だけじゃなくて基礎をしっかり学ぶことができたと思うんですよ。こんな細い体なのに、どんな大きな選手と闘っても、どんなに高いところから叩きつけられるような技を食らっても、目立った怪我をしないでここまでやってこれたのは、あの日々があったからだと思います。それに辞めなかったのにもちょっと関係があって。受け身とか基礎体力とかを身につけるために、アザだらけにもなったし、頭も痛くなったし。大変だったから、辞めちゃったらこの努力も無駄になるのかなって思いました」

特殊すぎる環境……深夜バスで号泣

ただ、そんな境地に達することができたのは最近のこと、だという。

それはリングを取り巻く、特殊すぎる環境に起因していた。

上京して入寮したものの、そのタイミングで自分を誘ってくれた友人が離脱。このプロジェクトに参加するのは同期とたったふたりきり、という状況になってしまったのだ。

正直、これは相当しんどい話である。

女子プロレスラーにとって同期は「宝」だ。

デビューするまでの練習生期間を一緒に過ごし、デビューしてからはライバルとして切磋琢磨する。そこからずっと物語が続いていき、5年後、10年後にチャンピオンベルトを賭けて闘うときに、それまでのストーリーが活きてくる。その関係性は20年経っても、30年経っても変わらない。

たったふたりになってしまうと、そういった物語は生まれにくい。もちろん同期がおらず、ひとりだけで闘うほうがもっと辛いのだが、ルーキーがふたりしかないとなると、シングルマッチが組まれれば、いつも同期対決になってしまうし、タッグマッチだったら同期コンビでの出陣になる。早い段階から対戦カードがかなり狭まってしまう。

「そうですね。同期がふたりしかいないと、やっぱりライバルにはならないですよね。結局、嬉しいことも辛いことも、すべてふたりで経験しているじゃないですか？　アイドルとしての活動もふたりでやっていたので、もうふたりにしかわからない関係性になるんですよね。だから『この人にだけは絶対に負けない！』みたいな気持ちにはお互いにならないんですよ。個性も違いすぎるし、年齢差があるからケンカにもならないですし」

それよりも大変だったのが、ふたりでタッグを組むとき。同じぐらいのキャリアの選手がいないどころか、基本的に対戦相手として登場するのは昭和の時代に大活躍したレジェンドレスラーばかり。それはそれでなかなかできない貴重な経験なのだが、若手選手らしいプロセスを踏むことはなかなかできなかった。

「辛かったですね。試合が決まっても、勝てると思えなかった。対戦相手が大御所のみなさんばかりだったから、勝てるわけがないじゃないですか？　自分がまだまだ未熟だったから、試合をするのが怖かったです」

どうしてもプロレスラーになりたかった、というなら耐えられるかもしれないが、そういうわけでもない。何度も何度もプロレスを辞めることを考えた。

「たまに神戸の実家に帰るじゃないですか？　家族でごはんを食べていると、どうしても『大丈夫なの？』って話になるんですけど、なるべく感情を出さないようにして『うん、大丈夫、大丈夫』って、その話を流してました。

あっ、実家のごはんで思い出した！　さっき、私がそんなに細く見えないって言ってたじゃないですか？　それって骨太だからだと思うんです。親が丈夫に産んでくれたっていうのもあるんですけど、私、小さいころから魚が大好きでずっと魚ばかり食べていたんですね。お肉を食べるようなったのは、東京に出てきて、外食をするようになってからなんですよ。魚を食べると骨が強くなるっていうのは本当なんです（キッパリ）。

話が逸れちゃいましたね（苦笑）。本当は全然、大丈夫じゃなかったんですよ。ただ、親の猛反対を押し切って上京したわけだし、学校まで転校しているから、もう私としても引き下がれなかった。もっと言っちゃえば、あのころの私には諦める勇気すらなかった。親の前では絶対に『もう辞めたい』とだけは言えなかった。神戸から東京に戻るときは深夜バスだったんですけど、バスに乗るまではがんばって笑顔でいましたけど、発車したら、いつも号泣していました……」

二刀流を数万人の前でアピール、するはずが……

入寮から約８カ月でプロレスデビュー。それと同時にアイドルとしてＣＤデビューもはたしている。

瑞希がデビューした2012年はまさにアイドル黄金時代。この年、AKB48が結成以来、目標として掲げてきた東京ドームに到達。3日連続で超満員にし、そのフィナーレをエース・前田敦子の卒業で締めくくった。まさにアイドルブームが爆発した瞬間。このブームはここから2016年ぐらいまで加速と拡大を続けていくことになる。

だから、プロレスとアイドルの融合を試みるにはまだ早すぎたという人もいるが、けっしてそんなことはないと思う。アイドル市場が盛りあがっているタイミングで、そういう企画を投入するのは大アリだ。ただ、この時期は女子プロレスのマーケットが冷え込んでいたため、あまりにもバランスが悪かった。アップアップガールズ（プロレス）はアイドルブームが落ち着き、女子プロレス人気が急回復しつつある時期に参入したからこそ、安定した運営ができている。時代が早かったのではなく、ふたつのジャンルのバランスが悪すぎたのだ。

そんな時期ゆえ、週末になると首都圏ではもう数えきれないほどのアイドルイベントが開催されていた。だから、デビューしたばかりの瑞希にも活躍の場はたくさんあった。しかし、だからといって甘い状況ではなかった。

考えてみてほしい。アイドルブームで全国の女の子が48グループや坂道グループのオーディションに何千人、何万人とトライしている。だが、合格するのはほんのひと握り。落選してしまったアイドル志望者は、ほかのアイドルグループのオーディションを受け、それでもダメだったら、いわゆる「地下アイドル」になっていく。おそらく日本におけるアイドルの人数は過去最大級に膨れあがり、正直、供給過多になっていた。

その中で生き残っていくのは、過酷だ。

このころぼくは、プロレスラーとして、同時にアイドルとしての瑞希とお仕事をしている。

コロナ禍になるまで、ももいろクローバーZは夏とクリスマスのコンサートの際、プロレスラーを招いて、試合をやってもらっていた。

会場に足を運んだことがない方からしたら「?」な話になってしまうので、簡単にご説明しておこう。夏のスタジアムコンサートだと5万人から6万人を動員する。これだけの人が開場時間に殺到すると、なかなか大変だ。アイドルだからグッズ売り場も混雑することは必至。そんな混乱を回避するために会場近隣に「外周ステージ」を設け、朝からお客さんが自由に出入りできるようにしたのだ。

メインステージでは終日、アイドルのライブとお笑い芸人のネタで盛りあがり、グッズ売り場だけでなく、グルメ屋台も多数、出店されているので、朝からいても食事に困ることもない。グッズもゆったり買えて、コンサートがはじまるまでの時間を会場のすぐそばで過ごすことが「文化」として定着した（ほかにこんなことをやっているアイドルはおそらくいないと思う)。

その会場にはステージとは別にプロレスのリングがドーンと組まれた。

コンサート開場前の時間帯にここで実際にプロレスの試合をやってもらうのだ。

これはももクロのスタッフたちが、みんなプロレス好きで「なんとかしてプロレス界に恩返しできないだろうか?」という発想からスタートした企画。その最適解が「いままでプロレスを生で見たことがない人に、プロレスを見てもらい、その魅力に気付いてもらおう」だった。

ゴールデンタイムからプロレス中継が撤退したことで、たまたまプロレスを見た、ということが起こりにくくなってしまった。ならば、アイドルの会場でたまたまプロレスを目撃してもらおう。もともとプロレス経由でやってきたファンも多かったが、大ブレイクしてからはプロレスと無縁のお客さんも増えた。そういう人たちがターゲットである。

ちなみにこの外周ステージは入場無料。もっと言えばコンサートのチケットがなくても楽しむことができる太っ腹な企画だった。基本的に座席はないから、リングの周りを数千人の観衆がオールスタンディングで囲んでいる、という普段のプロレス会場では見たことのない光景が広がっていた。

2015年の夏に静岡・エコパスタジアムで開催されたコンサートの外周ステージに瑞希は参加している。プロレスラーとしてリングに立ち、アイドルとしてステージでライブも展開。まさに二刀流ならではの変幻自在な活躍っぷりだった。

ぼくはプロレスの実況席に座っていた。実況を担当するのはプロレス中継でおなじみの清野茂樹アナ。ぼくはその横で解説をするのだが、いわゆる技の解説というよりも、プロレスを知らないアイドルファンに対して「この選手はこういう人です」ということを説明する係。ちょっとでも興味をもってもらうための導入を作るために座っていたようなものだ（完全に仕事抜き、無償でやっていました）。

リングサイドから、観客とコール＆レスポンスしながら見ていると、ハッキリとわかったことがある。

プロレスラー・瑞希はアイドルファンに刺さる！

アイドルファンだからアスリート系の選手よりも、やっぱりかわいい選手に目がいく。もっと言えば大きな選手よりも小さい選手を好む。昔っぽい言い方をすれば甘い「お菓子系」のムードを漂わせる瑞希にとって新規ファンを取りこむ大チャンスだった。しかし……。

「本当にごめんなさい。そうやって期待していただいたのに、あのとき、私にはどうやって新しいファンを取りこもうか、なんて余裕はなかったです。ももクロのファンのみなさんはとてもあたたかかったので、すごくやりやすかったんですけど、私自身がまだレスラーとしてできあがっていなかったし自信もなかったんですよね。すごくもったいない話ですけど。覚えているのは、たくさんのお客さんがいたことと、真夏の野外試合でめちゃくちゃ暑かったことぐらいで（苦笑）」

前述したような特殊すぎる環境でプロレスラーとして育ってきたことで、キャリア3年目にして、まだ瑞希はプロレスラーとして足元が固まっていなかった。それはアイドルとしても同様で、二刀流として活動しながら、なかなかふたつのジャンルがクロスオーバーしての波及効果を見出すことができていなかった。

ついにアイドルを断念。そのシビアすぎる理由

じつはももクロのコンサートから数カ月後、瑞希ともう一度、仕事で一緒になっている。それは新宿・ロフトプラスワンで開催されたトークイベント。観客はほぼ100％ももクロファンだったので、夏のコンサートを振り返るためのゲストとして瑞希は呼ばれていた。ぼくも主催者でもなんでもなく、プロレスラーが出演するのであれば、いろいろ説明してくれる人がいたほうがいい、という理由で呼ばれただけ。ここもまた新規ファンを獲得するチャンスだったのだが、残念ながら、あまり広がりがないまま終わってしまった。

このあたりの流れを、もっとちゃんとサポートしてあげられたらな、とずっと悔やんで

いた。同じように参戦した女子プロレスラーでしっかりとファンを掴み、プロレス会場へと流入させたケースを見てきていたので（みんなアイドルのTシャツを着て後楽園ホールや新宿FACEにやってきてくれるので、ひと目で流入してきた人の見分けがつくのだ）、もったいないというか、歯がゆいというか……せっかく刺さりかけているのになぁ～、と。

本来であれば、アイドルとしてのライブ活動も取材すべきだったのだろうが、結局、それも叶わずじまいになってしまった。なぜなら、瑞希がアイドルとしての活動を断念してしまったからだ。

「別に嫌になって辞めたわけじゃないんですよ。ライブはすごく楽しかったし、ファンの方がすごく応援してくれるのがわかったので。プロレスはもちろん、アイドルをやっていて学んだことは、なによりもファンのみなさんを大切にしなくちゃいけないな、と。いまでもその気持ちは変わっていません。

ただ、私が思っていたアイドル像とは全然違う話になっちゃったというか、最終的には動員が厳しくなっちゃった。あとは、旅行に行けるような1週間ぐらいのおやすみがほしかったんですよね……」

熱心に応援してくれるファンの人たちを獲得することはできたが、そこから新しいファンをなかなか開拓できなかった。先ほど触れたように、この時期はアイドルの過当競争が激しくなっていた。自分たちがステージに立っているあいだ、同じ会場の片隅で別のアイドルが特典会をやっていれば、そちらを優先する観客は必然的にステージに背を向けることになる。同じ空間にたくさんお客さんがいても、まったく見てもらえないという厳しい現実がそこには横たわっていた。

「私は荒井優希ちゃんとか（渡辺）未詩とかとは違って芸能プロダクションに所属していたわけじゃないから、やっぱりすごいなぁ～って思いますね。

あっ、でも、私にとっての荒井優希は100％プロレスラーなんですよ！　アイドルっていう印象がなくって、東京女子プロレスのリングに上がったときから、ずっとプロレスラーとしてしか見ていなかったです。だから名古屋で試合があると、SKE48としてリングで歌うでしょ？　控室のモニターで見ていて、いつも『えっ！』ってなっちゃうんですよ、びっくりして。そっか、ホンモノのアイドルなんだって（笑）。

本当にこんな感じだったから、この本でほかの3人と並べられて『元アイドル』って言われちゃうと、いや、私はちょっと違うって思っちゃうんですよね。大丈夫なんですか、私なんかが入っていて、アハハハ！」

歌って踊るだけではアイドルとしては成立しない。

しっかりと物販で売り上げを立てないと、にっちもさっちもいかなくなる。

ちょうどこのころ我闘雲舞（ガトームーブ）を立ち上げ、プロレスと同時にアイドルの運営をはじめたプロレスラー・さくらえみに会ったら、こんなことを言われた。

「本当にアイドルって大変ですね！　チェキのありがたみが身に染みてます。私たちはチェキによって生かされてるなって」

チェキとはライブ後の特典会などで販売されるツーショット写真のこと。アイドルと一緒にインスタントカメラで撮影し、その場でサインやメッセージを入れてもらう。普通の生写真とは違い、世界にたった1枚だけ、というレア性が受けて、アイドルの物販では定番の人気商品となっている。というか、チェキ自体、アイドルの現場以外で見かけることはほとんどない。

その写真を1枚1000円～2000円で販売することで、アイドルの運営は安定した活動資金を得ることができる。華やかな部分ばかりがピックアップされるアイドルの世界だが、現実はプロレス以上に地道だったりするのだ。

そして、その真実に気付いたさくらえみが、このあとプロレスラー・瑞希の運命を変えていくのだから、人のつながりというのは面白いものである。

プロレスって、こんなに楽しいんだ！

プロレス入りしてから4年。

瑞希はさくらえみが主宰する我闘雲舞のリングに上がるようになる。

「衝撃でしたね。同じぐらいの世代の子、年齢は違っても同じぐらいのキャリアの選手と闘うことが、それまでほとんどなかったので新鮮だったんですよ、試合も。みんなで一緒に練習をしたり、仲良しみたいにみんなでご飯を食べたりして、あっ、プロレスってこんなに楽しいんだ、こんなに楽しんでもいいんだって初めて気付きました。あれで完全にプロレスラーとしての生き方、考え方が変わりましたね」

これまでは勝ちたいと思うことすらなかったが、同世代が相手だと、やっぱり負けたくない。プロレスラーになって、はじめてチャンピオンベルトを巻いたのも我闘雲舞のリング。これまで他のどんな団体の選手よりも練習を積んできたから、基礎はしっかりしている。ちょっとしたきっかけでグングン伸びていくのは、当たり前のことでもあった。

かなり遅れてやってきた、プロレスラーとしての「青春」。

２０１６年12月からはフリーに転向し、２０１７年４月からは東京女子プロレスにレギュラー参戦することになった。

「高木三四郎大社長から声をかけていただいたんですよ。そのとき、これは最初に言っておかなくちゃいけないなと思って『歌とかダンスはもういいです！』って念を押しました、アハハハ！

いや、本当に。これが本音です。アイドルにはまったく執着してしなかったので。話の流れで、伊藤リスペクト軍団として歌ったり、踊ったり、ＣＤデビューしたりすることになるんですけど、あれは別にアイドルに未練があったわけではなくて、本当に話の流れでそうなってしまっただけなので！」

二刀流から、プロレス専業へ。

もし我闘雲舞でプロレスの楽しさに気付けなかったら、こんな展開はなかったかもしれない。別にアイドルになりたいわけでも、プロレスラーになりたかったわけでもなかったのに、いきなり両方をやることになり、紆余曲折の末、アイドルを断念し、プロレスラーになった。

あまりにも波瀾万丈すぎるが、いわば、これは瑞希にとって「エピソード０」みたいなもの。ただ、この期間に彼女が得たもの、学んだものは、すべて血肉となって、いまリングで見事に昇華されている。

「私が元アイドルなんて……自分でもアイドルをやっていた気がしない」と本人は卑下するが、アイドルとの二刀流という入口がなかったら、おそらくプロレスラーになっていなかったのだから、これはもう堂々たるキャリアではないか。ある意味、この本の趣旨にもっともマッチしているのが瑞希なのかもしれない。なにものかになりたかったけど、なにものにもなれないでいた瑞希は、こうしてプロレスラーとして覚醒していく。

リング★ドリーム

新しい居場所、変わる私

東京女子プロレスという新天地にたどりついた瑞希だったが、これでまるっと視界良好になったわけではなかった。

「とにかくプロレスがやりたかったんですけど、私、東京女子では〝転校生〟みたいなものじゃないですか？　もし、なじめなかったどうしよう……と言う不安はやっぱりありましたね。ただ、そうなったとしても、プロレスがやれればいいや！　と割りきって考えるようにしました。でも、いざ入ってみたら、みんなめちゃくちゃ優しいんですよ！　もう不安なんてすぐに吹っ飛びました」

ただ、プロレスがやれればいい。

ものすごく前向きな言葉だが、裏を返せば、このあとプロレスを続けていって、どうなりたいのか、どこを目指すのか？　というビジョンは明確ではなかった。

「これは上京してきてから坂崎ユカに出会って、直接言われるまで気付いてはいなかったんですけど、自我がなかったみたいですね。誰かから『これをやってください』と言われたら、もうすべてを素直に『はい、はい、はい』と聞いてやる。与えられたミッションをクリアしていく感覚ですね。だから、自分を持っている伊藤（麻希）さんを見たときには『えーっ、こういう人もいるんだ！』って衝撃を受けました」

その伊藤麻希とは「伊藤リスペクト軍団」を結成。タッグパートナーとして、歌うユニットの一員として、リング内外で活躍できる相棒を得た瑞希は、早い段階で東京女プロレスでの確固たるポジションを手に入れることとなる。

そんな伊藤麻希との物語は、のちにビッグマッチのメインイベントという最高のカタチでクライマックスを迎えることになるのだが、瑞希のプロレスラー人生を激変させる、もうひとつの「運命の出会い」はある日、突然やってきた。

坂崎ユカが人生を変えてくれた

2018年夏。

東京女子プロレスにレギュラー参戦しはじめてから1年ちょっとが過ぎたころ、大きな転機が瑞希に訪れる。

それは坂崎ユカとのタッグチーム「マジカルシュガーラビッツ」（マジラビ）の結成である。

「本当に偶然だったんですよ。ワンデートーナメントが開催されることになって、抽選で決まったのがユカッチとのチームで。偶然、組んだんですけど、試合になったら、ずっと前から組んでいたような感覚で、とにかく楽しかった！　なんて言うんですかね、自由に戦えたんですよ。楽しいな、楽しいな、と思いながら闘っているうちにトーナメントで優勝してしまったんです」

この優勝をきっかけにプリンセスタッグ王座に挑戦し、一発で戴冠。このベルトは翌年6月までの長期政権となり、タッグ王者＝マジラビのイメージが定着。２０２１年に王座に返り咲いたときも、やはり年をまたいで防衛を重ねてみせた。

いわゆる「最強コンビ」ではない。

ただ、ふたりのバランスが絶妙で、ひとたびツボにはまると流れるような連携プレーで他をよせつけない。ガーンといったら倒せそうだけど、なかなか倒すことができない、というのはプロレスにおけるチャンピオンの理想像。勝敗の妙味と高い試合内容を持ちあわせたマジラビはファンだけでなく、レスラー側からもリスペクトされる至高の存在となった。

「坂崎ユカはひとことで言えば『私の人生を変えた人』です。チャンピオンになって、プライベートでも仲良くなって。一緒にごはんを食べているときによく言われたんですよ。『ホンマに自我なかったよな～』って（笑）。ユカッチと出逢わなかったら、自我がないまま、プロレスができればそれでいいやって思っていたかもしれない。でもユカッチは私をすごく大切にしてくれて、愛情たっぷりで向き合ってくれたから私も自分を大切にしないといけないって思えた。そんな目的も目標もなかった私を『先を見る』ようにしてくれたのはユカッチなんです」

先を見る、ということ。

それは未来の夢を探すだけではなく、残酷な現実と向き合うことにもなる。

横に坂崎ユカがいてくれるときはいい。

ただ、シングルマッチになったとき、弱い自分に瑞希は気付き、思い悩むようになってしまった。

苦悩と涙が生んだ超凄技「渦飴」

タッグチームとしては大きな実績を残せたものの、シングルではなかなか結果を残せないでいた瑞希。

まったくダメだったら、もうタッグ屋として割り切って生きていくこともできたのかもしれないが、トーナメントに出場すれば準決勝ぐらいまでは勝ち進めるし、その実績を評価されてシングルのベルトに挑戦することもできた。

でも優勝はできないし、ベルトも手に入らない。

あと一歩。

これが一度や二度だったら「惜しかった」「次こそがんばろう」と思えるのだろうが、

何度も続くと、あと一歩が永遠に埋まらない大きな溝に阻まれているかのように思い悩んでしまう。先を見るようになったからこそ、ぶち当たった壁である。

「悩みましたねぇ～。ひとつだけわかっていたのは、いまのままでは絶対にダメだってことです。とにかく自分を変えないことには、あと一歩を踏み出せない。じゃあ、どうしたらいいんだろう？　って、ものすごく考えました。

　ファンのみなさんはずっと応援してくださっているし、みなさん、私が『勝つところ』が見たいわけじゃないですか？　だから、私も勝ちたいって思えたし、そのためはどうすれいいのか考えるんですけど、これがなかなか難しくて。

　やっぱり自分が小さいから勝てないのかな？　って。そうなったら、答えはひとつしかないんですよ。トレーニングで肉体改造して、身体を大きくするしかない。それも真剣に考えたんですけど、いや、それは違うなって気付いたんです。

　身体が大きくなったら、たしかに変われるかもしれないし、きっと強くなる。でも、この体格が私には合っているし、この体格で闘うことが『自分らしさ』で今までやってきたんじゃないかって。女子プロレスラーとして、この体格でも鍛え方はあるしまだやれることはあるなと、もっとこの体格と向き合おうって」

　たしかに肉体改造に成功したとしても、一時は大きな注目を集めて、リングでも結果を出せるかもしれないが、長い目で見たら、プロレスラーとしての個性を殺すことになるかもしれない。せっかくの個性を消して、凡庸な選手になってしまったら、それは非常にもったいない話である。

「とにかくいま、使っている技から見直そうって考えました。たとえばフットスタンプ。角度とかスピードで補っていこう、と。ほかの技でもそうですよね。テコの原理を利用したり、全身のバネを使ったりして、小さい身体でも威力が増すように改善したり、新しく開発したりしました」

トップロープから矢のように刺さるダイビングフットスタンプはインパクト絶大だし、場外に相手を寝かせての一発はたしかに重量級の選手がやったら、自分のヒザを壊してしまいかねない。瑞希ならではの一撃だ。

この本の表紙を撮影したカメラマンは瑞希の試合を見たことがなかったのだが、気になって検索してみたら、真っ先に出てきたのがフットスタンプの映像。スマホを見ながら「えっ、さっき、ここで撮っていたあの子がこんなことをするの⁉」と絶句し、それを場外の相手にもやるんですよ、と別の映像を見せると「信じられない……」とフリーズしてしまった。たしかに撮影では誰よりもアイドル性を発揮（笑顔とポーズの変化するスピードたるや！）していただけに、このギャップが生む魅力は絶大だったようだ。

徐々に自分の闘い方を変えつつ、瑞希はさらなる大技の開発に着手した。

「私、クロスボディー（フライングボディーアタック）が好きなんですけど、あの技もた

だやるだけじゃダメだなって。そこからはもう試行錯誤ですよ。威力を大きくするにはどうしたらいいんだろう、と考えたとき、もう到達点を高くするしかないなって思ったんですよ。最初はトランポリンを使って、高く飛翔することを練習するんですけど、これがなかなかうまくいかなくて……」

そんな試行錯誤の末に生み出されたのが、超凄技の「渦飴」だった。

これがまた活字で説明するのが難しいというか……フライングボディーアタックの変則バージョンなのだが、宙を舞って、相手にアタックする瞬間に全身をクルクルっと回転させる。いままでのプロレス界には存在しなかった、とんでもない技なのである。

ちょっと前までだったら、この技がここまでクローズアップされることはなかったかもしれない。雑誌に掲載される写真と活字だけでは、技の全貌が伝わりきらないからだ。SNSで気軽に動画が拡散できる時代になったからこそ、このとんでもない技はアッというまにたくさんの人に知られるようになった。

ぼくも初見はSNS流れてきた動画だった。

見た瞬間、完全に脳みそがバグった。

人間というのは想定していない動きを見せられると、理解すらできなくなる。すぐ2度見、3度見して、やっと技のメカニズムがわかったが、まったく運動神経がないので、なにをどうやったらこうなるのかはさっぱりわからなかった。

　ふと思い出したのは、過去にハイフライヤーと呼ばれるプロレスラーを取材したときのこと。コーナーポストからクルクルと回転する飛び技は運動神経ゼロの人間からすると、まず発想すらできない動きばかりなので、いったいどうやって考えて、どんな練習をすれば、あんなことができるのか？　と聞いてみたら、ハヤブサも飯伏幸太も不思議そうな顔をして、まったく同じことを答えた。

「えっ、なんにも考えていないですよ。頭に思い浮かんだ動きをやってみただけです。人間って自分にはできない動きは頭に浮かばないじゃないですか？　だから思い浮かんだ時点で、もうできるんですよ。何度も練習を重ねるようなものではなくて、思い浮かんだらやってみて、そこから精度を高めていく感じですね」

　ひょっとしたら瑞希もその境地に達しているのだろうか？

「ないです、ないです。頭に浮かぶようなことなんてないです！　私は中学生のときにソフトテニスをやっていたぐらいで運動神経はいいほうじゃないですからね。あとはダンスぐらいで……あっ、よくよく考えて見たら、私、高校生のときからプロレスをやっているんですよ（笑）。部活じゃなくて、プロとして。

　渦飴の動きはトランポリンで高く飛んだときに、あっ、できるかもしれないって思いついたんですけど、そう簡単にできるものではなくて。試合のときにはトランポリンなんてないから、自分の力でまず高く飛ぶ必要があるし、あの技って持久力と耐久力も必要だし、

失敗したときに自分が受けるダメージも大きいからリスクもあるんです。それでもなんとか完成させたくて……もう、何度も何度も泣きましたよ。なんでできないんだろう、と悔しくて、悔しくて。本当に汗と涙で開発した技ですね」

彼女のイメージ、そして技のイメージには程遠い「汗と涙」というワード。それだけの想いが詰まっているからこそ、インパクトが増すのかもしれない。華麗なだけではなくて、熱い気持ちがこもった技、だから。

「小さい身体で闘うのが自分らしさ」と気付いてからはじまった試行錯誤。

もう自我がない、なんて言わせない。

ひと皮もふた皮も剥けた瑞希の前に立ちはだかったのは、運命を大きく変えてくれた「あの人」だった。

ついに東京女子プロレスの頂点へ！

プロレスラーとして急成長をとげた瑞希は２０１９年と２０２０年、２年連続で夏のシングルトーナメント「東京プリンセスカップ」を連覇。その実績を引っ提げて東京女子プロレスに正式入団もはたした。

「転校生として参加してきましたけど、私も東京女子プロレスの一員として力になりたい、支えていきたいって思ったんです」

やっと踏み出せた「あと一歩」。

あとは団体最高峰のプリンセス・オブ・プリンセス王座を奪うだけだったが、そちらの一歩にはなかなか手が届かずにいた。

2023年3月18日。

東京女子プロレスとしては初進出、女子プロレス業界全体を見ても20数年ぶりという有明コロシアムでのビッグマッチ。そのメインイベントで瑞希はシングル王座にチャレンジすることになったのだが、このとき、そのベルトを腰に巻いていたのは坂崎ユカだった。

自我のなかった瑞希を目覚めさせ、人生を変えてくれた坂崎ユカ。明日に向かって走っていたら、目の前に立っていたのは恩人だった、という大河ドラマのような展開だったが、この試合に勝って、瑞希はついに初のシングル王者となった。

試合中はものすごくカッコよかったのに、終わったあとはマイクもグダグダになってしまうあたりは、なんとも瑞希らしかったが、ものすごくあたたかい空気で有明コロシアムが充満した興行でもあった。

一体、これはなんだろう？　と思ったが、普通なら新チャンピオンが誕生したら、次から次へとチャレンジャーがリングに登場し、次なる闘いの予告編が展開されるもの。興行的には、むしろそれが当たり前のことなのだが、この日はそれがまったくなく「チャンピオンになった瑞希」「坂崎ユカを超えた瑞希」「手をつないでリングを降りる瑞希と坂崎ユカ」に最後までスポットライトが当たり続けていた。

だからこそ、あたたかい空気に包まれたのだ。

なんとやさしい世界なのだろうか！

きっと、これこそ瑞希がトップに立つ風景の象徴になるのだろう。

それから2カ月後、坂崎ユカが東京女子プロレスを卒業することを発表した。

「わかってはいました。いつぐらいからかなぁ～、結構前からご飯を食べているときとかに『ワシもそろそろかなぁ～』とかユカッチが言うようになったんですよ。『そろそろおらんくなるかもしれないなぁ～』って。東京女子プロレスを卒業する、とはハッキリ言わないんですけど、それを匂わせるような言葉を何年もかけて小出しにしてきたので、その日がやってくることはなんとなくわかっていたんですけど、いざ、正式に発表されたら、思わず『嫌やぁ～！』って泣き叫んでいましたね。寂しくなっちゃうなって」

４月にはマジラビとしてタッグ王座に返り咲き、史上初のシングル&タッグの二冠女王にも輝いていたが、坂崎ユカが負傷欠場することになったため、残念ながらベルトは返上。マジラビがタイトル戦線で闘うことも、これで消滅した。

いまとなっては有明コロシアムが坂崎ユカを超えるラストチャンスで、これまで「あと一歩」に泣かされてきた瑞希が、その壁をぶち破ったことになるが、チャンピオンになっ

た以上、坂崎ユカとの別れをいつまでも悲しんでいるわけにはいかない。ここから熾烈な防衛ロードがはじまっていくのだから。

チャンピオンとして背負う覚悟

シングル王者になったことで、４月から後楽園ホールのメインイベントは瑞希に託されることが多くなった。

それでも彼女のカラーは変わらない。頭の上に手をおいて、ウサギの耳のようにするポーズをとりながらの入場は、テーマ曲の曲調も相まって、ものすごく場の空気を和ませてくれる。チャンピオンとしての重責など関係ないように思えたのだが……。

「そう見えますか？　じつは私、ものすごい緊張しぃなんですよ。入場ゲートをくぐる１秒前まで『あぁ、どうしよう、どうしよう……』ってなってます（笑）。タイトルマッチの前なんて、みんな控室から出てきて『大丈夫だよ、大丈夫だから！』って励ましてくれるんですよ。頼りないチャンピオンですけど、いつもそんな感じなんですよね。

でも、入場ゲートをくぐった瞬間に変われるっていうか、目の前にお客さんの姿が見えた瞬間『あっ、私、ひとりじゃない！』って。味方がたくさん増えてる、と思ったら、スーッと緊張が消えて、リングに立ったらスイッチが入るんです。で、試合が終わった瞬間にスイッチが切れるので、いつもマイクを持つときにはフニャフニャでグダグダになっちゃうんですけど（苦笑）。

メインイベントはやっぱり重たいですよ。だって、みんなが第一試合から受け継いできたバトンを最後にもらって、お客さんに満足して帰っていただかないといけないわけで。なんかね、見終わったあとに『明日もがんばろう！』って、ほっこりした気持ちでお客さんに感じてもらえたらいいなって。だから、防衛戦の相手が決まったときには『甲田さん（代表）、なんてカードを組んでくれてんねん！』って」

初防錆戦の相手は苦労人・角田奈穂。次なる挑戦者はアメリカから初来日する188㎝の大型レスラー、ソーヤー・レック。どちらもなかなかの難敵。特に初来日の外国人選手との防衛戦はどんな試合内容になるか想像もつかない難しさもある。

あまり本人に言うようなことではないけれど、あえて、正面切って本音をぶつけた。

ぼくはプロレスラー・瑞希の試合が好きだったけど、有明コロシアムでベルトを巻いた瞬間、ちょっと不安になった。チャレンジャーとしてぶつかっていく姿が瑞希のファイトスタイルにフィットしていたけれど、チャンピオンとして守る立場になったとき、その持ち味は消えてしまうのではないか、と。

「そうですよね。そこはもうポジティブに考えるようにしました。チャンピオンになってから、ものすごく試合について考えるようになったんですよ。あっ、違うかも。いろいろ考えるようになれたから、ベルトを取れたのかな？　ここに辿り着くまで長かったけど、結果的にはその時間って大事だったんだなって思います。

奈穂ちゃんとは「転校生組」によるタイトルマッチだし、角田奈穂、そんなもんじゃないだろ！　って気持ちをぶつけよう、と。ソーヤーは……難しい相手でしたけど、もう自分を信じるしかなかったし、うん、最後まで自分を信じてあげられた防衛戦でしたね」

フィニッシュホールドとして多用しているキューティースペシャルという技がある。ブリッジを利かせた固め技なのだが、相手が大きいとかけることは困難だし、うまく投げることができても、綺麗に決めるのはなかなか難しい。そう考えると、別の技をチョイスするのが得策なのだろうが、体格差がありすぎて仕留め方が想像つかない。どうするんだろう？　と見ていたら、完璧な形でキューティースペシャルを決めて3カウントを奪取。チャンピオンとして完璧すぎる防衛戦だった。

団体を背負う、というチャンピオンの覚悟。

お客さんを満足させる、というメインイベンターとしての責任。

立場は人を変えるというが、ここまで書いてきたように数年かけて自分を変えてきたからこそ、瑞希はチャンピオンという立場になれたのだ。チャンピオンとして大丈夫なのか、などという疑問を抱いていたことを、ただただ恥じるしかない。

春も、夏も、秋もビッグマッチのメインイベントはすべて瑞希のシングルマッチとなった2023年の東京女子プロレス。これがすべての答えである。

「伊藤！　瑞希！　どっちも負けるな！」

夏のビッグマッチでは伊藤麻希との防衛戦が組まれた。

試合が決まるや、過去の伊藤リスペクト軍団時代まで遡って、両者による「言葉のプロレス」が延々と繰り広げられた。

過去の瑞希との共闘を「黒歴史」とぶった斬った伊藤麻希。試合がはじまると感情をぶつけあうエモい展開に。ある意味、瑞希の人生が乗っかっているような闘いだから、必然的にそうなってしまう。

この日の記者席はアリーナ席とスタンド席のあいだに組まれたので、客席からの声援がすごくよく耳に届いたのだが、途中で妙なことに気が付いた。

さっきまで「伊藤ちゃん、がんばれ！」と叫んでいた人が、今度は「瑞希、負けるな！」と声援を飛ばしている。それもたったひとりではない。複数のお客さんがどっちも応援しているのだ。しかも、かなりの熱をもって。

「伊藤！　瑞希！　どっちも負けるな」

さすがに声にはしないが、明らかにそんな感情で見ている観客が、たしかにいたのだ。

過去まで遡り、人生を賭けて闘ったら、当時から見続けている人間は、やっぱり、どっちも応援したくなる。タイトルマッチという勝負論が優先される試合でこんな現象が起こるのは珍しいことだが、これはもう戦前から舌戦を仕掛けた伊藤麻希の戦略あってこそだし、チャンピオンとして受け止めた瑞希の覚悟もあっての現象。敗れた伊藤麻希は涙ながらに瑞希へのリスペクトを表明。最初から最後までエモすぎる試合だった。

その後、瑞希は最強のチャレンジャー・山下実優に敗れて、約7カ月間、守り続けてきた王座から陥落した。

「もちろん悔しいですよ。こう見えて私、負けず嫌いなので。いつか、もう一度、チャンピオンに返り咲きたいですね。次に私がベルトを取ったら、どうなるのか？　という未来のことも考えるし、いまはとにかくベルトを持っていなくても私にできることってあるのかな？　っていろいろ考えますね」

12月6日には卒業していく坂崎ユカを見送った。

もう隣に立って、見守ってくれる最高の相方はいない。

だが、ふたりが出逢ったころとは比べ物にならないぐらい強くて大きな瑞希がいまの東京女子プロレスには、いる。

「本当はファンのみなさんや選手たちを引っ張っていくのがチャンピオンなんでしょうけど、私の場合、みんなに背中を押されるチャンピオンだったなって。本当に試合後のマイ

クは最後までダメでしたけど、試合のことを考えるだけでもういっぱいいっぱいで、あれはもう素でそのときに感じたこと伝えたいこと、ありがとうって気持ちをしゃべりたかったんですよ」

そういう話を聞くと、たしかに次にチャンピオンになったとき、瑞希がどんな景色を見せてくれるかは興味深いが、それでもやっぱり締めのマイクは「ハンバーグを食べて、ハピハピー！」であってもらいたい気もする。

東京ドーム、そして世界へ！

２０２３年２月21日。

武藤敬司引退興行で組まれた第０試合に瑞希は出場した。

「選ばれてシンプルにびっくりですよ。だって、あのときはまだ私、チャンピオンじゃなかったし（ドームの約１カ月後に戴冠）、絶対、私の名前は入っていないだろうなって思っていたので。もちろん嬉しかったです！

正直、あんまり覚えていないんですよ、試合のことは（苦笑）。実感が沸いてきたのは、本当に試合が終わったあとですね。うわぁ、私、東京ドームで試合をしたんだって（笑）。ただ、すごく感じたのは『私たちがやってきたこと、そして今、やっていることは間違っていない！』ってことですね」

夏には初の中国遠征も経験した。

「中国から試合のオファーがあったときには、私と奈穂ちゃんだけで行くって話だったので、ちょっとびっくりしましたね。今はいろんなことをプラスに考えることができるようになったので、ここからなにか広がっていくものがあればって。

実際、すごく盛りあがってくれて。たぶん中国で紙テープを投げるような習慣ってないと思うんですけど、きっと、日本の映像を見て、知ってくれていたんでしょうね、みんな、一生懸命、投げてくれて。とても愛を感じたので、ぜひ、また中国に行って試合をやってみたいですね」

さらに想定外の現象も起きていた。

「これも海外での話なんですけど、プロレスをまったく知らない人たちのあいだで私のことが話題になっていたみたいで。ゲームとかアニメのキャラクターにコスチューム姿の私が似ているって、アニメ好きの方たちが騒いでくれたそうで。面白いですよね。こうやってプロレスと関係ないところで話題になることで、私を通して東京女子プロレスを知ってくれるきっかけになったらいいなぁ～って。だから、ベルトを持っていなくても私にできることって、まだまだいっぱいあることがわかりました。

もうひとつ気付いたことがあるんですよ。10年以上、プロレスラーをやってきたんですけど、いままで自分が『商品』だと思っていなかったんですよね。それがやっと選手のみんなや応援してくださるみなさんのおかげで自分を大切にしようと思えて、見られる側の人間としての自覚が出てきたというか。東京ドームの試合にしても、これは東京女子プロレスをまだ見たことがない人たちに提供する場なんだ、と思って試合をした。昔もいまもありのままの自分だけど、自分を『商品』だと理解することで、もっともっと世界が広がっていくのかなって感じています」

まったくプロレスを知らないままプロレスラーになってしまった瑞希が、ぐるっと一周まわって、今度はプロレスを知らない人たちの「入口」になろうとしているのは、とても面白い話ではないか。

なにものかになりたくて、なにものにもなれなかった少女は、12年かけてチャンピオンになり、いまや世界に飛び出そうとしている。アイドルとしては大成することができなかったけれど……いや、ひょっとしたら海外のアニメファン界隈から火がついて、そっち方面でアイドル的にブレイクする可能性もワンチャンある！　これだから人生って面白いし、つくづくプロレスとは素敵すぎる世界だな、と実感する。王座陥落から、きっと瑞希の「エピソード２」は幕を開けているに違いない――。

第4章 伊藤麻希

アイドル、タレント、プロレスラー
史上初の「三刀流」のはずが、なぜかホームレス寸前
新時代のカリスマの波瀾万丈すぎる半生記

Maki Itoh

1995年7月22日生まれ。九州発のアイドルＬｉｎＱとして活躍しながら、2016年にプロレスデビュー。ＬｉｎＱをクビになってからは“闘うクビドル”を名乗っていた。アイドルらしからぬ顔の大きさや言動で注目を集め、海外からも大きな注目を集める新時代のカリスマ。

知れば知るほどわからなくなる存在

伊藤麻希は、ぼくにとって長年の「宿題」だった。

もともと女子プロレスの記事を書いてきて、いまではアイドルの取材をメインに活動しているのだから、アイドルとしてプロレスに絡み、アイドルをクビになり、いまやプロレスラーとして「新時代のカリスマ」と呼ばれる伊藤麻希を、ぼくが先頭を切って取材しないのは、たしかにおかしな話だ。

実際、たくさんの媒体から「インタビューをしませんか？」「記事を書いてくれませんか？」というオファーもいただいたのだが、ぼくはそれをすべて断ってしまった。

理由をひとことで言えば、ものすごくみっともない話だけれども「伊藤麻希について書く自信がありません」。もちろん興味はあったし、試合やその言動もチェックしてはいた。

逆にまったくチェックしていなかったら、取材のオファーをホイホイ受けていたと思う。知ってしまったからこそ「うーん……」と頭を悩ませることはよくあるが、まさに伊藤麻希はその典型例だった。

せっかく一般メディアに女子プロレスの話題を掲載できるチャンスなんだから、その枠を無駄にすることはしたくなかったが、中途半端な記事を出すほうが、もっと無意味なことだと感じていた。いや、むしろマイナスプロモーションになってしまうかもしれない。

それは伊藤麻希にも、東京女子プロレスにも申し訳が立たなくなる。そこはもっと勉強しろよ、努力しろよ、という話なのだが、知れば知るほど、見れば見るほど、わからなくなる……それが伊藤麻希だった。

それ以前の問題として、縁がないというか、アイドル時代からスレ違いが続いていた。

ぼくは2013年から博多を本拠地としているHKT48をずっと取材しつづけているのだが、なぜか博多と縁があり、その後も博多のアイドルグループに所属していた橋本環奈や、ももクロの妹分で九州を拠点とするばってん少女隊の取材も断続的におこなってきた。

本当に偶然、そうなっただけなのだが、いっそのこと博多に移住したほうがいいんじゃないか？　と思えるぐらいの偏り方。個人的に博多グルメが大好きで1泊2日や2泊3日では食べたいものが食べきれないので、本当に引っ越そうかな、とも考えたが、皮肉なことにアイドルブーム真っ盛りだったため、週末になると、九州拠点のアイドルたちもこぞって東京にやってきていた。東京にいた方がスムーズに取材できるのだ。

月イチペースで博多に飛んでいたぼくだったが、せっかくだからいくつかまとめて取材を、と声をかけても「あぁ、その日は東京に行ってますね」となって実現することはなかった。そんなこんなで博多でのアイドル取材はこれ以上、拡大することがなかったのだが、博多での取材を続けていたら、おそらく次に取材をしていたであろうアイドルグループは

ＬｉｎＱだった。

これこそが伊藤麻希が所属していたグループであり、ぼくが頻繁に博多に行っていた時期に彼女はアイドルとして活動していた。まさにスレ違っていた、のである。

そういった事情も含めたうえで、今回、伊藤麻希にすべて説明してからロングインタビューを収録させてもらった。

というか、この本の企画を詰めていく段階で担当編集者から「絶対に伊藤麻希は入れてください！」と念を押されていた。取材対象として興味深い、というだけではなく、幅広い層に本を手にとってもらうには彼女の名前が必要だ、と。

「そりゃ、そうだよ。誰よりも伊藤の人生は波瀾万丈なんだから、面白い本を作りたかったら、伊藤が入ってないとおかしい」

取材を前に伊藤麻希はそう言って、ニヤリとした。

この取材は、なぜぼくが長年にわたって伊藤麻希の記事を書くことから逃げていたのか、ということに関する答え合わせでもある。だから、ここまでの章とはちょっとばかり趣きが違ってくるかもしれない。謎を解明するためにはアイドル時代の話から深掘りしなければいけないのだが、伊藤麻希は「それを話すのなら、小学生のころまで遡らないとダメ。これまでの人生、常に周りからヒートを買っていた【※】から」と幼いころのエピソードから語りはじめた。

【※】顰蹙を買っていた、嫌われていたなどを意味するプロレス用語

こどものころからうぬぼれていたわたし

「小学生のときから目立ちたがりだったんですよ。福岡県といっても博多ではなくて、ちょっと田舎のほうで育ったんですけど、少しお高めな子供服のブランドものを着て、髪型もみんなとは違うようにして『お前らとは違うんだよ！』って優越感に浸るタイプだった。そうやって目立っていたから、高学年の子たちからも目をつけられていたみたいで、もうね、中学校に入ったら、すぐにイジメられましたよ、アハハハ！」

ここまでだったら、よくある話だ。調子に乗っていた小学生が、中学生になった途端、ほかの小学校のリーダー格の軍門に下り、すっかりおとなしくなってしまう。伊藤麻希の場合、それがさらにエスカレートしてイジメにまでつながってしまったわけで、普通だったら精神的にもたなくなる。だが、伊藤麻希は違った。

「イジメられたことで『あぁ、やっぱり私って〝その他大勢〟とは違うんだ。イジメられる対象として選ばれたんだ』って、ここでも優越感に浸ってしまった（笑）。もちろんイジメられるのは辛いんだけど、やっぱり自分の存在価値ってすごいな、と。完全にうぬぼれてましたね（笑）。

だから、このときから絶対にアイドルになれるんだ、芸能人になれるんだって思ってましたよ。だって私は特別な存在なんだから、なれるに決まってるって。いま考えたら、頭おかしいですけど、当時は本気でそう思っていた」

驚くべきポジティブシンキング！

ただ、クラスで浮いていることはよくわかっていた。一発逆転を狙うには高校進学のタイミングに賭けるしかない。だが……。

「勉強はできるほうだったんだけど、私は基本的にギャンブラーなんですよ（笑）。自分にできないことなんてないって思っていたから、めちゃくちゃ頭のいい高校を３つ受けて。そしたら、全部、落ちて（苦笑）。で、めっちゃ〝バカ高〟に行くハメになって。あれで人生が完全に変わった。もし、自分が行きたい高校に合格していたら、アイドルもプロレスもやっていないと思う。

たぶん、客室乗務員になっていたと思う。さっきも言ったけど、勉強はできるほうだったし、英語の成績がよかったから。もう、この時点でわかっていた。自分は日本にいたらダメだって。世界を飛び回りたいなって、うっすら考えていて。外国じゃないと、絶対に居場所がなくなるって。だから、高校受験がうまくいっていたら、客室乗務員になるための勉強をして、その道につながるような進学を考えたと思うけど、行きたくもない高校に進学した時点で、もうまったくやる気がない。そのときにたまたま目にしたのがアイドルのオーディションのお知らせだった」

HKT48 1期生オーディション、屈辱の落選……

たまたま、そのタイミングで博多に誕生したのがHKT48だった。

48グループの人気が最盛期を迎えていたときであり、九州のアイドル志望者だけでなく、わざわざ遠くからオーディションを受けにくる子もたくさんいた。

すでに東京のAKB48に名古屋のSKE48、さらには大阪のNMB48が発足していたが、どのグループにも人気者がたくさんいた。つまり「上が詰まっている」状況。同期とのライバルレースに勝ちつつ、先輩たちを追い抜いていくのは、なかなか大変である。だったら、まだ誰もいない新しいグループに1期生として入ったほうがいい、という判断をする子は相当数、存在していた。

正確な数字は公表されていないが、相当な応募者数だったと思う。その中のひとりが伊藤麻希だったわけだが、あまりにも厳しい現実が待ち受けていた。

落選。

それも書類審査落ち。

アイドルとしてのポテンシャルを審査員にアピールすることすらできない大惨敗である。

「もう履歴書をポストに入れた時点で、絶対に合格すると思いこんでいたから、書類審査で落とされた、と知ったときには、はぁ～？　ふざけんなよ！　って。なんで受からないのか、理由がまったくわからなかった。

このタイミングで博多にＨＫＴ48ができて、ここで私は拾われて、アイドルになるもんだ、と思いこんでいたんですよ。だって、そうじゃないですか？　小学生のときから浮いていて、中学校でイジメられ、高校は落ちまくって……こんな嫌なことばかりある人生なんて考えられないし、ここまでロクでもないことが続いたのは、私がアイドルになるための前フリだったんだ！　って。そう思いこんでいたから、そりゃね、書類で落とされたらショックですよ」

これはＨＫＴ48の話ではないが、あるアイドルグループの1期生オーディションを取材させてもらったことがある。山ほど届いた履歴書から通過者を決めていくのだが「えっ、なんでこんなにかわいい子が落ちちゃうの？」というケースがたくさんあった。思わず関係者に聞いてみると、あぁ、なるほど、という答えが返ってきた。

「たとえば20人、合格者を出すとすると、みなさん、応募者の中からかわいい子ベスト20を選ぶと思うでしょ？　人数が少ないグループだったら、それでもいいと思うんですけど、多人数グループではそれじゃダメなんですよ。同じような子ばっかりたくさん並んでいても仕方ないでしょ？

もちろん、これは！　という子から選んでいくんですけど、全体をまとめることができそうな子がひとりはほしい。ちょっと年齢が上の子ですよね。あとは2年後、3年後の成長を見越して、小さい子も取っておきたい。そうやってグループ全体の構成を考えながら、合格者を決めていくので、落選したからといって、その子がかわいくないってことではないんですよ。そこは勘違いしないでほしいです。

ある程度、メンバーが固まったら、何人かはチャレンジ枠も設けますけどね。ちょっとグループのカラーとは違うけど、タレントとして面白くなるんじゃないか、と思った子や、うまくいけば他のメンバーと想定外の化学反応を起こしてくれるんじゃないか、と感じさせてくれる子。まぁ、これはスタートしてみなくちゃわからない一か八かの抜擢なんですけど、予定調和ばかりじゃつまないでしょ？」

ほとんどプロ野球のチーム作りのような話だった。たしかに4番バッターばかり並べても仕方ないし、先発ピッチャーばかり充実させても勝てるチームにはならない。こういうケースもあるから、書類審査で落とされたからといって悲観することはないのでは、と伊藤麻希に伝えると「へぇ～、そうなんだ。それは知らなかった！」と驚きながら、こう言った。

「あのときはさ、私を選ばなかったＨＫＴ48に絶対、後悔させてやるって思っていたけど、よくよく考えたら、私には協調性もなければ、グループのことより自分のことしか考えないから、間違いなくうまくいかなかった（苦笑）。さすがだよね、ＨＫＴ48は。私を取らなくて大正解だったね、逃がした魚は大きいと思うけど。アハハハ！」

　ここまで読めばわかるだろう。

　伊藤麻希はこどものころから、じつにプロレスラー的な生き方をしてきたのだ。けっしてアイドルになりたい人の言動ではない。もちろん、当時は本人にそんな自覚などあるはずもないのだが、生来、プロレスラー向きの少女がいったんアイドルを経由してプロレスにたどりついたのは、こんなバックボーンを知ると、間違いなく必然だったんだな、と思わされる。

　もし、このとき伊藤麻希がＨＫＴ48のオーディションに合格していたら、ぼくは彼女をアイドルとして10年以上、取材しつづけていたのかもしれない。２０２３年にすべての１期生が卒業したことを考えると、伊藤麻希もすでに卒業していたかもしれない。たしかに人生は大きく変わったのだ。

L・inQの一員としてアイドルに！

ＨＫＴ48のオーディションに落選したことを知った伊藤麻希はすぐさま行動に移る。絶対に合格すると思っていたし、落選させたことを後悔させるためにはアイドルになって見返すしかない。そこですでに活動を開始していたＬｉｎＱの２期生オーディションを受ける。こちらは見事に合格した。

「ＨＫＴ48は書類審査で落ちたけど、ＬｉｎＱは書類審査しかなかった。だから歌ったり踊ったりのオーディションは一度も経験しないまま、アイドルになってしまった（苦笑）。ＬｉｎＱはとりあえず書類審査で選んで、そこからとりあえずレッスンを積ませて、そこで見ていくというやり方だったので、合格してからの練習生期間がすごく長かった。

納得いかないまでも、ＨＫＴ48のオーディションに落ちたことは本当に悔しくて、これは自分を変えなくちゃいけないんだろうな、とちょっとダイエットをがんばって３kgぐらい痩せたタイミングでＬｉｎＱのオーディションがあって、それで受けたら合格しちゃった感じですね」

その行動がいかに早かったかというと、ＨＫＴ48の1期生がお披露目するころには、もう伊藤麻希はＬｉｎＱの一員になっていた。うだうだ考える間もなく、即、次なるアクションを起こしていたことになる。

「だって、行きたくもない高校に通っていても仕方ないから。居場所、なかったもん、学校には（笑）。こうなったら、アイドルとして成功するしかなかった」

アイドルに詳しくない方からしたら、なぜ、博多というひとつのエリアにいくつものアイドルグループが乱立しているのか？　と疑問に感じるかもしれない。プロレス界でもローカル団体は山ほどあるけれども、成功できるのは1エリア1団体というイメージが強い。

これは博多という商圏が強い、ということに由来する。

たくさんの民放テレビ局が存在し、自前の番組を制作しているから、タレントの需要も多い。事実、大手芸能プロダクションは続々と九州支社を立ち上げている。福岡のテレビやラジオでいくつもレギュラーを持てば、東京に進出しなくても食べていけるのだ。

都市の規模からいったら、大阪のほうが大きいのだが、逆に大阪はアイドルグループを立ち上げることすら難しい鬼門と呼ばれてきた。これはもう文化の土壌が違う、としか言いようがないが、とにもかくにも福岡にはアイドルグループが林立し、準メジャーというべき存在が何組も存在した。同時期に東京で活動していた瑞希よりも、あきらかに恵まれた状況である。

アイドルブームの恩恵でチャンスもいっぱいあった。なにかのきっかけでポーンと跳ねれば、イッキに全国区の人気アイドルになれる、という空気感も漂っていたし、なによりも多くのアイドルファンがそんな劇的な展開を望んでいた。ＬｉｎＱもネクストブレイク候補として東京のファンからも注視されることとなる。

とはいえ、伊藤麻希の立ち位置は微妙だった。

メンバーの一員にはなれたが、とにかく選抜に入れないと意味がない。選抜とは新曲の歌唱メンバー。だから、ここから外れるとCDジャケットに写真も載らないし、新曲のプロモーション取材にも呼ばれないから雑誌などのメディア露出もない。当然、歌番組にグループが呼ばれても、非選抜メンバーは1秒たりとも映らない。

当時、35人いたＬｉｎＱメンバーのうち、選抜入りできるのは12人。約3分の1という狭き門、である。

残念ながら伊藤麻希は、その狭き門をくぐることができなかった。

「人気はなかった。握手会も全然、人が並んでくれなくて、気が付いたら居眠りしていたこともあったぐらい。いや、本当に話を盛っているわけじゃなくて。ファンの人もいつも同じ顔触れで。いまだって顔をよく覚えていますもん。

居眠りしたときはさすがに病んだっていうか、ほかの道を探そうかなとも思ったけど、やっぱり見返してやりたかったんですよ。いつかブレイクして『伊藤ちゃん、ありがとう。伊藤ちゃんが来てくれたおかげでお客さん、いっぱいだよ！』って言ってもらいたくて。そのためだけに私はＬｉｎＱを辞めないで続けてきた。うん、わざと辞めなかった」

握手会というのは、アイドルにとって「残酷劇場」だ。

人気のあるメンバーにはズラリとファンの列ができる。逆に人気薄の子はいつもスカス力で熱狂的なファンが気を遣って、2回も3回も列に並び直して、なんとか列を途切れないようにしてくれるものの、アイドルからすれば、ありがたい反面、同じ顔がずっとループしつづけるわけで、なんとも切ない話である。

もっとも人気メンバーは朝から晩まで、延々と握手をし続けなくてはいけないわけで、こちらも過酷。48グループの大規模な握手会になると、舞台裏に「仮眠室」（というかカプセルホテル的な簡易休憩スペース）が設けられ、ヘロヘロになったメンバーが次々と倒れこんでいく。テレビで活躍するようなトップアイドルたちは、ただただかわいいだけではなく、こんな修羅場をくぐりぬけてきている強者なのだ。

当然、この握手会での売り上げが選抜メンバーを決めるときの重要なデータになるのだが、それ以前の話として、握手会の様子を2階から眺めたとき、列の長さが人気を示す棒グラフのようになっていて、うわぁ、これは残酷だ、と思った。

これで心が折れて、アイドルの道を諦めてしまう子もいれば、どこか割り切って「今日も握手会が早く終わったから、このまま遊びに行こう！」とヘラヘラしている子もいる。後者には残念ながら、もうアイドルとして上がり目はない。俗にいう「干されメン」である。ただプロ野球だったら戦力外通知されてしまうレベルでも、アイドルは自分から卒業しない限り、いつまでも続けることができてしまうから、別に上がり目がなくてもいい、と振りきってしまえば、こんなに楽な道もない。

ただ、伊藤麻希は楽な道を選ばなかった。

「ひとりでも私を求めてくれる人がいてくれるんだったら、可能性はあるでしょ？　吉田豪（プロインタビュアー）も早くから認めてくれていたし、これはもう伊藤の面白さをわからない奴のほうがおかしい、と。ひとりでも面白がってくれるなら、私はこのスタイルを辞めないって。こっちはもう腹くくってたから。まぁ、10代のうちにそんな経験をしちゃっているから、いまだにちょっと卑屈なところが残っているのかもしれない」

面白さで、売れる。

アイドルとしてはなかなかない発想ではあるが、その面白さは徐々にファンのあいだに浸透していった。MCでのトークでのぶっとびぶりには運営サイドから何度も「汚い言葉を使うんじゃない！」と怒られたが、ライブでの発言は、その場では編集できないから、会場まで足を運んでくれるファンはそれを目の当たりにする。特にわざわざ東京から遠征してくるディープなアイドルヲタにはウケた。そんなところからじわじわと話題が広がっていく。

「普通にアイドルをやっていても目立てないから、そうだ、悪目立ちしよう、と。これはもう計算し尽くした策略ですよ。グループが一丸になって、とかどうでもよかった。悪目立ちだろうがなんだろうが、私だけが目立てばそれでよかった」

このころになると、HKT48は指原莉乃の電撃移籍で人気が爆発。もう少し経つと、橋本環奈が一夜にしてシンデレラになるなど、福岡のアイドルシーンは全国から大注目されることになる。正直、焦りやジェラシーはなかったのだろうか？

「ない、まったくない。敵対心はまったくなかったです。だって競う相手じゃないから。私は面白さで売っているわけだから、HKT48みたいな王道グループとは争う気なんてないし、かわいさで売っているわけじゃないから橋本環奈も私には関係ない。だから、なんにも思っていなかったですね。逆にね、誰も知らないような子だけども『面白いアイドルが出てきた』とか『とんでもないことをやるアイドルがいる』という話を聞くと、やべぇ、これは（ポジションを）食われるかも、と。まぁ、それでも伊藤を焦らせるような存在はひとりかふたりしかいなかったですけど」

独自のポジションを確立しつつあった伊藤麻希の存在を、当時のレコード会社のスタッフは「こういう子がいても面白いじゃん！」と評価してくれたのか、ただただ悪ノリだったのかわからないが、アイドルとしてデビューしてからちょうど2年が経ったころ、ついに初の選抜入り。こうなると外仕事も増えてくる。その中のひとつがまさかのプロレス参戦、だった。

プロレスとの出会い、そしてタレントとしての限界

2013年8月13日。

両国国技館で開催された『DDT万博～プロレスの進歩と調和～』で伊藤麻希ははじめてプロレスのリングに上がった。

各レスラーが自分の推しアイドルをセコンドにつけてのアイドルランバージャック4WAYマッチ。LinQのほかにしず風&絆～KIZUNA～、アップアップガールズ(仮)と当時、勢いのあったアイドルグループが参戦。さらには昭和のレジェンドアイドル・新田恵利まで降臨する、という豪華な座組だったのだが、おいしいところをかっさらっていったのは伊藤麻希だった。

あくまでもセコンドなので、プロレスデビューではないが、公認凶器を手に攻撃することは認められていた。

「お前、顔でかいな」とほかのアイドルに突っこんだら事務所からクレームがつきそうなワードをレスラーから投げつけられるや、すかさず強烈なヘッドバットを見舞う伊藤麻希。こんなアイドル、ほかにはいない。「キャー、怖い～」と逃げ惑うのがアイドルとし

ての大正解なのだから。そんな大正解に背を向けた伊藤麻希の姿はプロレスファンにズバッと刺さった。まさかの展開に満員の両国国技館は一瞬にして「イトー」コールに包まれた。

この大コールが伊藤麻希の人生を変えた。

「気持ちよかった！　やっと選抜には入れたけど、それまではステージでも目立たなかったから、８５００人もの大観衆に注目されることなんてなかったし、アイドルとして『イトー』コールなんてしてもらったことなんてなかったから。あっ、この場所に来れば、私、コールしてもらえるんだって。あれを経験してしまったら、それは忘れられないし、ものすごい衝撃だった。

試合が終わったら高木三四郎に『お前、天才だよ！　アイドルよりもこっちのほうが向いているよ！』と言われて。そのひとことは大きかった。プロレスのことなんて、なんにもわかっていなかったけど、そうか、私はプロレスに向いているんだって。ただ、このときはまだプロレスをやろうとは思っていなかった。むしろ、やりたくなかった。だって痛そうだし、苦しそうだし、なによりもアイドルがやるにしてはかわいくないし、こんなことを言ったら怒られるかもしれないけど、女子プロレスラーにかわいい子いないでしょ？　だからアイドルとして。私は違う！　っていうプライドが許さなかった（苦笑）。

そう、この時点ではまだアイドルを諦めていなかった。まだ、アイドルとしてブレイクできるだろ！　って思っていたから、自分に向いているかもしれないけどプロレスへは進まなかった」

選抜入りしていなかったら、この両国国技館大会に参加することもなかっただろうし（呼ばれたメンバーは5人だけだった）、さまざまなタイミングが見事に合致していた。まさに絶好のチャンスだったのだが、伊藤麻希はプロレスの道を選ばなかった。

そして、アイドルというよりもタレント的な露出が増えていった。

面白いアイドルがいる、という噂はテレビ関係者の耳に届き、出演オファーが続々と舞いこむようになった。地元・福岡のテレビ局だけでなく、全国区の地上波まで！　ブームとはいえ、あまりいなかった「バラエティアイドル」の枠にピタッとハマるのが伊藤麻希のキャラクターだった。

しかし、それが憂鬱のはじまりでもあった。

「うまくいなかったんですよ、全然。たしかにずっとグループで動いていたから、ひとりでやるの、慣れていなかった。私がライブで面白いって言われていたのって、ほかのメンバーの発言に突っこんだりしていたから。そんな私をまた別のメンバーがイジってくれて、どんどん笑いが拡大していくんだけど、いきなりひとりになったら、それはできないわけですよ。でも、スタッフさんは私を面白いと聞いて起用しているわけで、現場でも『えっ、そんなもんなの？』って空気が流れる……辛かったなぁ～、いつも泣いていた」

面白さで売れる、という狙いはバッチリ当たったたが、その面白さがまったく発揮できない。よくアイドルがテレビに出るチャンスを貰うと、周りから「絶対に爪痕を残してこい！」と発破をかけられる。どんな形でもインパクトを残せば、視聴者にも刺さるし、なにより次のオファーにもつながってくる。かわいいアイドルとして呼ばれているのであればニコニコしていれば、それだけでいいのかもしれないが、面白いアイドルとして呼ばれている以上、笑いをとらなくてはなんにもならない。

「なにげにキツかったのが、容姿いじりをしていいキャラで売りだしたので、いじられても傷付いてないように見せること。まだ18歳だったし、一応、アイドルなんで、あれは普通に傷付いたなぁ～。最初は平気だったのに、年齢を重ねるうちに苦しくなっちゃって。どんどん病んでいって、私、ひとりでＴＶに出るの、向いてないなぁ～って」

ピンのタレントとして結果が出せなくても、グループアイドルとして活躍できれば、まだよかった。しかし、アイドルとしても暗雲が広がっていた。

「レコード会社を移籍して、売り方の方針がガラッと変わったんですよ。それまではスタッフが私を面白がって選抜に入れてくれたけど、もう面白要素はいらない、と。かわいいメンバーをズラッと並べて、しっかり歌って踊る、という魅せ方をすることになって、私は真っ先に選抜から落とされた。そして、二度と選抜に復帰することもなかった。もうね、地獄ですよ！」

ふたたび、干されメンに。

テレビで活躍できていれば、まだよかったが、そちらでも壁にぶつかっている真っ最中。まさに八方塞がりである。

「メイキング映像用とかで、レッスン場にカメラが入るときがあるじゃないですか？　なんか違和感をおぼえるようになって。普段はそんなことないのにカメラが回っているときだけ、わざわざ私だけみんなの前で先生から注意されるんですよ。ダンスレッスンの最中に先生から呼ばれて『あなたは30点！　全然ダメ！』って。全員の前で怒られて。

純粋な子だったらそれで泣くんでしょうけど、私はクソッと思って。絶対に悔しがっている顔だけは映させないぞと思って、怒られながら、わざとニコニコヘラヘラしていた。ざまあみろって」

干されなら干されで、存在感ゼロになってしまえば気も楽なのに、伊藤麻希は爪痕を残した。輝く選抜組と対比しやすい「落ちこぼれ役」として……かつての長州力の名言ではないが、これは完全なる「噛ませ犬」である。伊藤麻希なら、どんなにイジっても大丈夫、という認知が広がっていたのかもしれないが、もう心はポキッと折れてしまっていた。

普通であれば、ここでアイドルの道を断念するものである。売り出し方の方針的に、もう選抜復帰が難しいとなれば、もはやグループに固執する理由もない。

だが、伊藤麻希はアイドルもタレントの道も諦めなかった。

「どうすればひとりで強くなれるんだろう、と。ここではないどこかで輝いて、もっともっと強くなって、アイドルとしてブレイクするにはどうしたらいいのか？　と考えるようになった。芸の肥やしになるような経験をしなくちゃダメだろうな」

そのときに頭に浮かんだのが、高木三四郎のひとことだった。

アイドルよりも、プロレスのほうが向いている。

そのひとことを思い出したとき、脳裏に焼きついていたリングから見た超満員の客席の光景が鮮明に蘇り、まだ体のどこかに残っていた「イトー」コールを浴びたときの興奮がゾワっと全身を駆け抜けた。

そうだ、プロレスをやろう！

「こんなことを言ったら、プロレスファンに怒られちゃうかもしれないけど、あのときはあくまでもアイドルとして、タレントとして強くなるためにプロレスを踏み台にしよう、としか考えていなかったです。売れるための手段として」

人生一発逆転！

アイドル、タレント、プロレスの「三刀流」ですべての流れが変わる……はずだったが、プロレスラーとしてデビューする前に、伊藤麻希は「もう死にたい……」と涙を流すほど憔悴してしまうことになる。

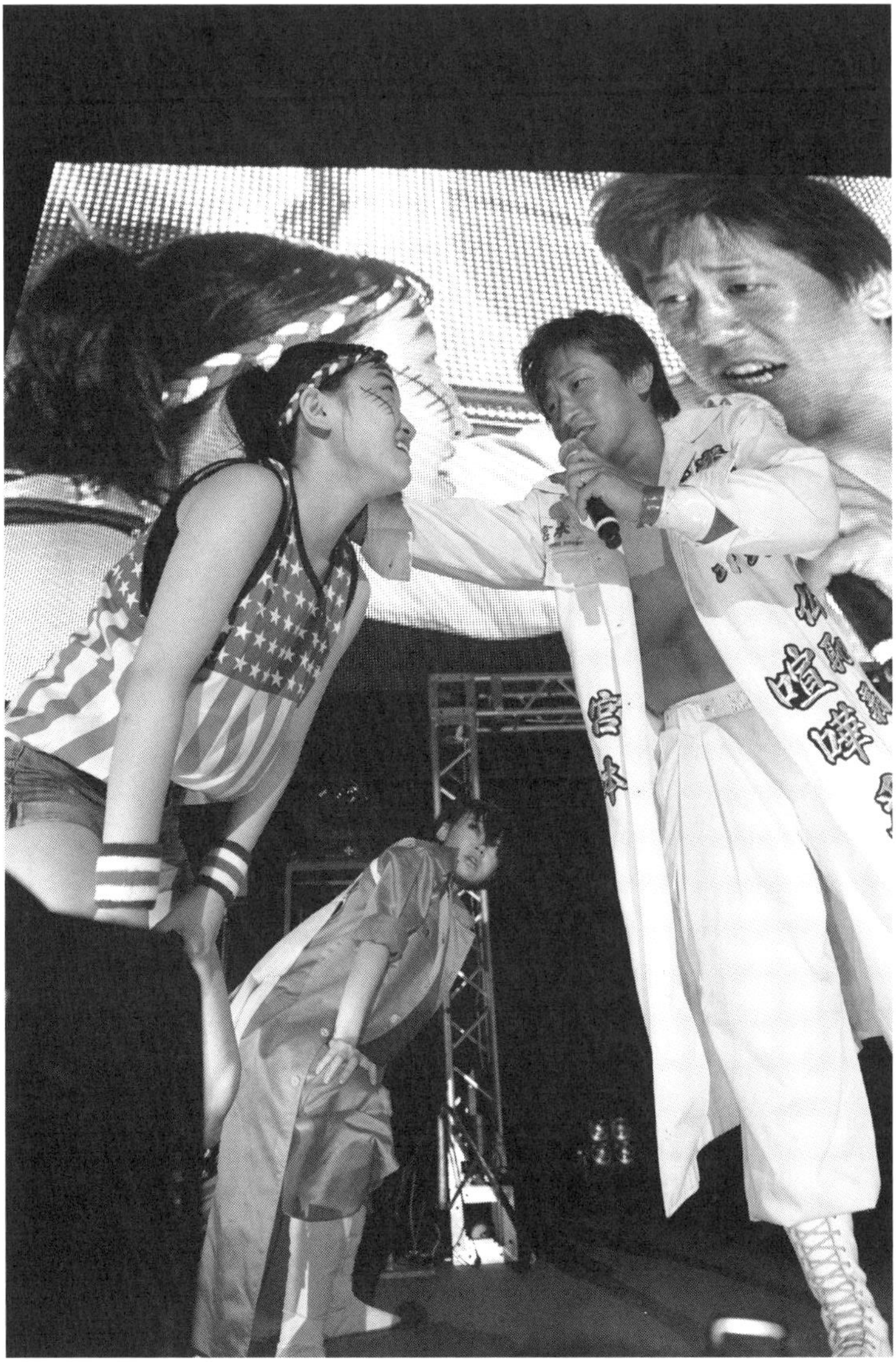
宮本

もうプロレスから逃げたい！

２０１６年７月。

伊藤麻希はプロレスラーとしてデビューすることを表明。あの両国国技館での衝撃から、もう３年の月日が流れていた。

正直、プロレスをナメていた部分もあった。

だから、つまずいたときの精神的ダメージは大きかった。

「道場に通うようになったんですけど、なんにもできなくて。運動経験がまったくなかったから。最初はリングの下に敷かれたマットの上で練習をして、ある程度できるようになったら、やっとリングに上げてもらえるんだけど、私は人よりも結構、かかったみたいで３カ月ぐらい、リングに上がることすらできなかった。

コーチにも毎回、怒られて。要は前回、教えたことをやってみて、と言われるんですけど、それがまったくできないから、コーチとしては一体どうなっているんだ、と。結局、前回教えてもらった段階まで戻るしかないから、いつまでたっても前に進めない。あれはしんどかったですね。よくよく考えたら、私、ＬｉｎＱでもレッスンが嫌いでよく怒られていたなって（苦笑）」

まずはリングで受け身を取れるようになるのがプロレスラーとしての第一関門。ただ、なにもできないまま受け身を取ったら、間違いなく怪我をする。だから、まずはリングの下で基礎的なトレーニングを積み、もう大丈夫と判断されたら、はじめてリングに上がっての練習に移る。早ければ、それこそすぐにでもリングでの練習に移行できるはずなのだが、体力的にも技術的にも伊藤麻希はその基準に達していない、と判断された。

両国国技館を沸かせて、高木三四郎から天才とまで呼ばれたというのに、いざ、プロレスラーになろうと思ったら、基礎トレーニングの段階で挫折寸前。カメラこそ回っていないが、ＬｉｎＱのレッスン場で先生から叱られていた自分と、これではなにも変わっていない。

「もう福岡に帰りたいとも思ったけど、カッコつけて東京に出てきちゃっているから、みっともなくて帰れない。プロレスラーになるって福岡のリングの上から発表しちゃったので。

当時、道場が浜松町にあって、夜、練習が終わると東京タワーがドーンと目に入ってくる。もう東京タワーから『お前みたいな田舎モンは帰れ！』と言われているようで、練習も辛かったけど、練習が終わって外に出るのも辛かった。とにかくプロレスから逃げたかった」

アイドル活動を休止して上京してきたので、所属事務所からギャラが支払われることもない。お金がないから生活費を稼ぐためにアルバイトをはじめたが、どれもこれもうまくいかなかった。

「飲食店とかでバイトをしても、結局、好きなことじゃないからダメなんですよ。ミスばっかりして、毎日、怒られて。道場でもバイト先でも怒られつづけるから、本当にしんどかったですね、あのころは」

ついには食うにも困るようになってきた。三刀流どころか、もはや無職のような状態。これはメンタル的に相当、ヤバい。

「東京に友達がいなかったから、人としゃべることもなくて。ある日、帰り道にコンビニで小さいパンを買って。それをあったためて食べたときに、あぁ、パンってこんなにあったかいんだ、やさしい味だなって……人生ではじめてパンのあたたかさに泣きましたよ。人生のどん底でしたね。

金もないし、飯も食えないし、いっそのことホームレスになろうか、と。もう死のうかなって思ったこともあった。こんなはずじゃなかっただろって。だって両国国技館を沸かせたんだよ、伊藤は！　そのあともちょこちょこプロレスの試合に呼ばれて、セコンドとかをやることがあったんだけど、全試合、確実に沸かせてきた。プロレスラーとして『魅せる力』はもうあったんだよ！　高木三四郎からも『お前は天才だ』と言われたから、もう天才のつもりでいたし。

そんな自信があったからプロレスの道を選んだのに、なにひとつできない。こうなると、なかなか練習にも身が入らない。正直、こんな基礎トレーニングなんてどうでもいいから、早くリングに上げろよ。一発で誰よりも沸かせてやるからよって」

自尊心を削られ、東京タワーに嗤われ。

天才プロレスラーだと思い込んでいたのに、受け身の練習すらもできないまま季節は夏から秋、そして冬へと移り変わろうとしていた。

デビュー直後に抱いた違和感

プロレスラーになる、と宣言してから5カ月。

伊藤麻希はデビュー戦を迎えた。

当時はまぁ、これぐらいの時間があれば、と考えていたが、リングでの練習がスタートするまで3カ月を要した、と聞いてしまうと、そこから2カ月でよくデビューまで持ってこれたな、と感心してしまう。

地元・福岡でのデビュー戦を終えて、翌月にはすぐに後楽園ホールでの試合。ぼくは会場で見ていて、それを知った編集者から「じゃあ、記事を書いてくださいよ」と急かされたのだが、引っかかることがありすぎて、ちょっと書けません、と断った。

アイドルがプロレスデビュー、というキャッチーなネタはたしかに話題になるだろうし、東京女子プロレスにとっても、ＬｉｎＱにとってもプラスになるに違いない。

ただ、会場で見ていて気付いてしまったのだ。

伊藤麻希の受け身は最低限ケガをしないものではあるが、ぼくが見てきたプロレスラーのしっかりとした受け身とは言えないレベルだったのだ。

「あぁ、そう見えましたか。いまだから言うけど、たしかにちゃんと受け身をマスターできていなかったし、その前にデビューしてしまった。それは正解。さっきも言ったけど、受け身なんて取れなくても沸かせればいい、と思っていたし。いまとなっては本当にごめんなさい、だけど」

ぼくは頭が柔らかいほうだと思っていたし、エンターテインメント性の高いプロレスも好きだ。芸能人をリングに上げた「ハッスル」も肯定していたし、頼まれてもいないのにラジオ番組に出て、大絶賛したこともあった。プロレスの間口が広がるのであらば、なにをやってもＯＫぐらいのスタンスをずっととってきた。

しかし、どうしても譲れない一線が「受け身」だった。

１試合だけゲスト参戦する、というのであれば話はまた別だが、レギュラー参戦する、となると、やっぱり目を瞑るわけにはいかない。こういうところばかり頭が固くて、自分でも困ってしまうのだが、受け身はプロレスラーにとっての免許証だと思っているので、それがないとなるとムムム……となってしまうのだ。

そんなこんなでぼくはプロレスデビューから伊藤麻希を避けてしまった。

昔のように『週刊プロレス』の記者として、毎週、記事を書くようなスタイルだったら、絶対に伊藤麻希は避けては通れないメインの取材対象となっていたはずだが、いまは月に1~2本、そのときどきのトピックを取り上げるかたちで女子プロレスについてWebで書いている感じなので、そこに伊藤麻希がいなくても成立してしまうのだ。

もうひとつ、どうにも引っかかる部分があった。

それはアイドル特有の「痛さ」だった。

彼女は平気で自虐的なことを言う。LinQのメンバーから外されたときには、アイドルをクビになった=クビドルとして強烈にアピールしてみせた。実際は伊藤麻希がアイドルにふさわしくないからクビになったわけではなく、グループ再編の結果、別のユニットに異動しただけなのだが「クビドル」という響きはキャッチーで、こうなったらもうプロレスで生きていくしかない、という悲壮感も漂う絶妙なフレーズだ。

ただ、この自虐がぼくにはさらなる苦手意識につながってしまった。

よくアイドルがバラエティー番組に出演して、これでもか！ というほどスベリ倒すことがある。見ていてアイタタタ……となる典型例なのだが、だいたいが身内ネタを外に持ち出して通用しないか、過剰に自虐ネタを展開してドン引きされるかのどちらかである。

いまではテレビで見ない日はないほどの売れっ子になったバラエティータレントの村

重杏奈だが、ちょうど伊藤麻希がクビドルをアピールしているころ、HKT48のメンバーとして絶賛ダダスベリ中だった。まさにその「痛い姿」がオーバーラップしてしまい、あぁ、そこまでやらなくてもいいのに、と思ってしまったのだ。

村重杏奈の場合、アイドルなのに毒を吐きまくるところがウケてはいたのだが、その毒の分量をうまいことコントロールできずに嫌〜な空気になることが多々あった。結局、彼女がお茶の間に受け入れられるようにうまいこと毒舌や自虐ネタの「塩梅」を調整できるようになるまで、10年近くかかった。そんな様子を間近で見てきたので、伊藤麻希にものすごく危うさを感じてしまっていた。

これが純粋なプロレスラーだったら、きっと、そんな感情は抱かない。どうしても「アイドル」としても見てしまうので、なにもそこまでしなくても……と思ってしまう。整形手術をしたことまでカミングアウトして、中指を立て……メンタル面は大丈夫なのだろうか、と。

「そんなに病んでいるように見えましたか？　たしかにプロレスラーとしてデビューするまでは病みまくっていたけど、プロレスラーになってからはまったくなんにもない。やっと自分の居場所を見つけたっていうか、心の風通しがよくなった。いつのまにかアイドルに関しては、もうすっかり『成仏』していた。だからＬｉｎＱをクビになったときも、そんなにダメージもなかったし、逆に『プロレスの道に進んでいいんだよ』って言われているようで。だから、アイドルに対する未練なんてまったくないですよ。

ただね、いま、私がリングの上で〝プロ〟でいられるのは、アイドルとしての下積み時代を経験しているからだと思うんですよ。だから、アイドルとして活動してきたことには一切、ムダなことなんてなかったです」

プロレスに挑戦しているうちに、アイドルとして最高に輝ける10代は通り抜けてしまっていた。アイドルの夢は成仏したからこそ、あそこまで自虐ネタに走れた、というわけで、ぼくはすっかり伊藤麻希の掌の上で踊らされていたことになる。

ほかにどこにもいないプロレスラーに

プロレスラー・伊藤麻希はデビュー後、独自の進化を遂げていった。

男色ディーノとのシングルマッチでは、まさかのリップロックを決め（つまりは公開キス、である）、男色ドライバーまで食らった。普通の女子プロレスラーだったら、絶対にここまでできない。

つまり、普通ではない！

独自の路線、独特のキャラ。

それは唯一無二の存在へと昇華していく。

本書では、他の選手の章でも唯一無二というキーワードが出てきたが、東京女子プロレスの魅力はそこにもあるのだと思う。唯一無二の存在がたくさんいるから、角度によって見え方がまるっきり変わってくる。ひとつの価値観にしばられない面白さがこのリングにはある。

２０１８年秋に開催された『ＤＤＴドラマティック総選挙』では、男子の選手に混ざって大健闘。堂々の第3位に輝いた。ＡＫＢ48グループの選抜総選挙に多大な影響を受けたこの企画で、アイドルをクビになったと喧伝し、人気アイドルに対して毒を吐いてきた伊藤麻希が上位入選する、というリアルとファンタジーがごちゃまぜになった不思議な現実。ちなみにこの総選挙はグッズなどを購入すると投票権がもらえる、というシステムなので、誰でもバンバン投票できるものではない。3位（中間発表ではトップだった）という結果は、当時の東京女子プロレスやＤＤＴファンの圧倒的な「民意」であった。

いつしか伊藤麻希は「新時代のカリスマ」と呼ばれるようになっていた。

その価値観もやっぱり独特なものだった。

「プロレスをやっていればチャンピオンを目指すものだ、と言われるけれど、別にベルトはいらないと思っていた。

なにかを目指すんじゃなくて、置かれた場所で咲けばいいわけで。そうやってアイドル時代から育ってきたので、チャンピオンベルトはもっと強い人たちで争ってくれって

(笑)。伊藤が『ザ・プロレスラー』みたいになっても面白くないでしょ? ほかのプロレスラーと同じになっちゃったら意味がないし、代わりがきくプロレスラーにはなりたくなかったから、なにを言われても私は変わる必要はない、と思っていましたね。

東京女子のほかの選手はみんな先輩の背中を見て育っているから、どんどん『ザ・プロレスラー』になっていく。じゃあ、私はそうじゃなくなろうって。考え方は小学生のときから変わっていないんですよ。でも、本当に無礼な奴だったなって、自分でも思いますね。プロレスのこと、なんにも知らないで入ってきたから、すごく無礼だったと思う」

事実、伊藤麻希はいつからか勝ち負けを超越した存在になっていた。負けても価値が下がらない、というのはプロレスラーにとって最強の武器だ。変な話、いつまでも現役を続けられる魔法の杖を手に入れたようなものである。

「最初はアイドルやタレントとして浮上するための踏み台のつもりでプロレスをはじめたけど、本気は本気だったんですよ。ただ、この職業で食べていこう、という気持ちにはなっていなかった。じゃあ、この先、なにをやるのかと言われたら、それはわからないけれど、ずっとプロレスをやっているわけではないと思うし、プロレスラーがゴールでもない。たださ、やりがいはありますよね。シングルマッチになったら、リングの上にはふたりしかいないわけだから、常にお客さんは私を見てくれる。ずっと主役でいられるんですよ。しかも、生きるか死ぬかの勝負をしているわけだから、アドレナリンもドバドバ出るし。

アイドルっていつも同じ歌詞、同じダンス、同じフォーメーションだったから、極端な話、慣れてくると、ほかのことを考えながらでもできちゃうんですよ、身体が覚えているから。今夜、なにを食べようかな、とか（笑）。こんなアイドル、私だけなのかもしれないけど、そんな経験をしてきたから、常に緊張を強いられるプロレスっていうのは、すごく新鮮だった」

グループアイドルではなかなか選抜に入れず、ピンでテレビに出て力を発揮できずに苦悩しまくった伊藤麻希が、リングに立ったら、自分だけが主役になれるシングルマッチにやりがいを感じて輝いている、というのは非常に面白い着地点ではないか。

そういえば、この本でも語っているように荒井優希は「ひとりで目立とうなんて思ったことはないし、シングルマッチだから目立てるなんて考えたことがない」と公言している。そのことを伊藤麻希に伝えたら「えっ！　マジでそんなことを言っているの？」と目を丸くしたあと、ニヤリと笑った。

「面白いねぇ〜、荒井優希！　私とまるっきり考え方が逆だし、私にはあの人の考え方がまったく理解できない。いったい頭の中、どうなっているんだろう？　1回さ、対談でもしてみたいよねぇ〜」

伊藤麻希と荒井優希は過去に何回も闘っている。

タッグマッチながら荒井優希のデビュー戦の相手を務めているし、両国国技館ではシン

グルマッチで激突している。

アイドルからプロレスラーへ、という道を拓いてくれた先駆者として荒井優希は伊藤麻希を強く意識し、リスペクトしている。いや、そう思っているのは彼女だけではないだろう。同じようなルートを歩んできた元アイドル、現アイドルのレスラーはみんな伊藤麻希の背中を「道しるべ」にしてきた。伊藤麻希がプロレスラーとして成功していなかったら、いまの女子プロレス界の風景もきっと違ったものになっていただろうし、この本だって、おそらく世に出ることはなかったと思う。

両国国技館で敗退した荒井優希は悔しさを滲ませながら「でも、これでプロレスを続けていく理由ができた」と目をギラつかせた。アイドルとの二刀流を辞める、という選択肢もあるけれど、ここでプロレスを諦めてしまったら、負けたままで終わってしまう。だから伊藤麻希にシングルマッチで勝つまではリングを降りることはできない、と。

きっと、いつかどこかで、いやかなりの大舞台で伊藤麻希vs荒井優希のシングルマッチは実現するだろう。それをわかっているから、伊藤麻希は荒井優希と「闘いたい」ではなく、「対談をしてみたい」と言ったのかもしれない。

たしかに実現したら面白いのかもしれない。

リング上で荒井優希の感情を引き出してくれたように、ひょっとしたら、これまでに口にしたことのない言葉を荒井優希から引っ張りだしてくれるかもしれない。まだまだ伊藤

PRINCESS

麻希と絡むことで生じる化学反応は、東京女子プロレスのリングのあちこちに埋まっているような気がする。

東京ドームで仕掛けた「大バクチ」

この本の第０章では２０２３年2月21日、東京ドームでの出来事を綴っている。まさに東京女子プロレスの存在を広くプロレスファンに知らしめた一戦だったし、この本に登場する4人の選手にとっては運命の分岐点とでもいうべき瞬間だった。

その試合レポートをＷｅｂで書くとき、ぼくは伊藤麻希を主役に据えた。ちゃんと伊藤麻希について文章化したのは、おそらく、これがはじめてだった。

それほどまでに彼女が印象に残ったのだ。

印象に残ったのは「技」とか「気迫」ではなく、おなじみの「世界でいちばんかわいいのは？」「伊藤ちゃーん！」という客席とのコール＆レスポンス。これこそ究極の内輪ネタであり、だだっ広い東京ドームでだだスベリする危険性を秘めているパフォーマンス。まさにデビュー当時の伊藤麻希に抱いた危うさが満載されたアクションである。

これがまだ第０試合で客席がガラガラの状態だったら、スベっても言い訳はきくのだが、東京女子プロレスの試合がはじまる段階で、客席はほぼほぼ埋まっていた。しかも、普段は女子プロレスを見てないであろう客層がメインで。顔と名前も一致しない観客に、いや、モニターを見なかったら顔すら見えない東京ドームの客席まで衝撃を届けるのは至難の業……本当に大丈夫なのだろうか？　という不安でいっぱいだった。

「へぇ～、客席側から見たら、そんな感じに思うんだ。別にそんな不安なんてなかったけど、たしかにシーンとなったら恥ずかしかったかもね（苦笑）。あの観客席の中に私のことを知っている人が1％しかいなかったとして、そんなことは関係なくて。すごくお客さんが入っているな、とは思ったけど、深いことはなんにも考えていなかった」

プロレスラーとしてはじめて立つ東京ドーム。

アイドルとしては到達できなかった東京ドーム。

そんな背景を考えて、ついついウエットになってしまっていたが、当の本人はそんな感傷に浸ることなく、現実と向き合っていた。

それにしても、である。試合前や試合後にマイクアピールをするのはわかる。それを試合開始のゴングが鳴ったあとに、堂々とマイクをオンにしたままリングに持ち込み、大観衆に向かって大見得を切る、というのは、さすがにびっくりなのである。あれは咄嗟の判断だったのか、それともしっかりと仕込んだものだったのか？

「やるしかないでしょ？　マイクなしでやったって、広い東京ドームでは絶対に伝わらないんだから、あれはマイクを持ってやるしかないと思っていたし、それができないんだっ

LAST LOVE
NOAH

たら、伊藤が東京ドームに出る意味がない！　だって、次に立てるかどうかわからないじゃないですか、東京ドームなんて。

でも、ストップをかけられて。ストップというか、あくまでも第0試合なんだから、とんでもないことをやらかされたら困る、と（苦笑）。まぁ、言っていることはわかるんだけど、マイクをリングに持ち込めなかったら意味がないから、もうね、試合がはじまるまで、関係者と闘いましたよ。『ちょっと厳しいです』って言われたら『厳しいってことは可能性はゼロではないですよね？　1％でも可能性があるなら私、折れないですよ』って。本当に頼むからやらせてくれってバトりました、大人と」

結果、伊藤麻希のマイクパフォーマンスで東京ドームは大いに沸いた。知っている人は「伊藤ちゃーん！」と喜々として叫び（その数は全体の1％どころではなかった！）、知らない人も「えっ、誰？」「なにごと？」とリングを注視した。あきらかにドーム内の視聴率が跳ねあがった瞬間だった。

タッグを組んだ3人は同じ控室にいたから、伊藤麻希が大人たちに「試合中にマイクアピールをやらせろ！」と押し問答をしている現場をみんな目撃している。とても口を挟めるような状況ではなかった、と言うが、そんな伊藤麻希の姿から、みんな本気度を感じ取り、試合に向けて気持ちがひとつになっていったようだ。

対観客だけではなく、パートナーの意識を変える、という意味合いでも、あの日の影の

MVPはやっぱり伊藤麻希だったのである！

受け身が取れなくても沸かせればいいんだろ？　となんにもできない自分に苛立ちながら泣いていた伊藤麻希が、受け身の関係ない世界観でドームを沸かせた。

彼女がプロレスラーとして歩んでくる中で生じた伏線が見事に回収されている。そう考えたら、アイドルとして「どれだけ容姿をイジっても大丈夫」という扱いに傷付いた少女が、プロレスラーとして自虐しまくることだって、みんなそうだ。

過去の自分と闘って、すべてを塗り替えていく。

だから伊藤麻希の試合はエモくなるし、たくさんの人たちの共感を集めることもできる。その輪は海外にまで広がってきている。

プロレスラー・伊藤麻希が進む道

「で、昔の伊藤と今の伊藤、どっちが好きですか？」

インタビューが終盤に差しかかってきたところで、いきなり伊藤麻希からそう投げかけてきた。

たしかに昔の伊藤麻希については、いまひとつ消化することができず、記事を書くことを拒んできたが、ずっと試合を見続けてはきた。

こうやって当時の心情などを聞いた上で、そういうジャッジを求められると「昔のなにをやらかすかわからない伊藤麻希のほうが好きだった」という結論に達してしまう。

「やっぱり、そうですよね。たしかに伊藤も大人になって、いろいろ考えるようになりましたよ。新人の子とシングルマッチを組まれたら、そりゃね、さすがに私が、私がってわけにもいかないし、いいところを引き出してあげようと思いますよ。それが私に課せられた役割なんだろうなって。結局、私って自己中なんだけど、大人になって30％ぐらいは他人のことを考えられるようになった。それはそれでいいと思ってます。

チャンピオンベルトもいらないし、なんなら伊藤の価値にベルトがついてくればいい、とも考えてしまうけれど、その考え方を飲みこんだら、なんだかプロレスラーとして終わっちゃうような気がして、考えることから逃げている。本当にプロレスって難しいですよ。私なんてファンの人から言われっぱなしじゃないですか？　ちゃんと考えて闘うようになったら、昔のほうがよかったって（笑）。じゃあ、どうすりゃいいんだよ！　ってなりますよ、アハハハ！」

現在、伊藤麻希には海外からのオファーが殺到しており、遠征ために日本のリングを留守にすることも少なくない。今回の取材も、明日からアメリカ遠征に出発する、というタイミングでなんとか時間を割いてもらって実現したものだ。

東京女子プロレスの会場に行けば、必ず伊藤麻希の試合が見られますよ、という状況ではないのだが、海外での活躍はファンの耳に届いているので、生で試合が見られるということに、これまで以上のプレミア感がついてきている。選手側の立場から見れば、伊藤麻希の椅子がちょくちょく空いているわけで、そこに成長した若手がすべり込んできてくれれば、団体全体の底上げにもなる。伊藤麻希が海外を飛び回って試合をおこなっているのは、けっして彼女のためだけではなく、東京女子プロレス全体のためにもなっている。

「海外では私、人気、すごいですよ、アハハハ！　たぶん日本よりも人気があるんじゃないですか？　でも、この『伊藤麻希・アメリカ編』が終わったら、私、いよいよリングでやることがなくなっちゃうのかな、と思ったりもする。もちろん、まだまだアメリカでやること、やらなくちゃいけないことは山ほどあるので、すぐにどうこうって話じゃないですけど」

もし志望校に合格したら、アイドルにもプロレスラーにもなっていなくて客室乗務員になっていた、と語っていた伊藤麻希が一周まわって、いま、飛行機で世界中を飛びまわっている、というのも面白い話だが、じゃあ、この先、伊藤麻希はどこへ進もうとしているのだろうか？

「うーん……基本的にはそんなに長くプロレスラーを続けるつもりはないですね。レジェンドと呼ばれるような存在になりたいわけでもないし、美しい場面だけを切り取って、どこかのタイミングでパッと退きたい。そのあとはもうリングにもステージにも立つつもり

GCW

COLLECTIVE

COLLECTIVE
COLLECTIVE

はまったくないです。

ひとつ言えるのは、いま、私はアイドルに未練がまったくないように、プロレスに対して未練がない状況で終わりたいですよね。なにがどうなったら未練がなくなるのかはわからないし、だから、それがいつになるのかもわからないですけど」

ここまでプロレスラー的な生き方、考え方をしてきた伊藤麻希に、プロレスラー以上の天職があるのか？　という疑問もあるが、アイドル発プロレスラーのパイオニアは、まだ誰も見せてくれていない「その先」をきっと刺激的に照らしてくれるはずだ。

最終章

それぞれのアイドル道、
それぞれのプロレス道。
そして、クロスしていく、
2024年からの
新しい「未知」

アイドルとプロレス、その答えはひとつではない

ここまで4人の選手がいかにしてアイドルになり、そこからどうやってプロレスラーになったのかを掘り下げてきた。

まさに四者四様、である。

ざっくりいえば「アイドルからプロレスラーになった女の子たち」なのだが、全員、アイドルになったきっかけも違えば、リングに上がるようになった経緯もまるで違う。もっといえば、肩書きもちょっとずつ違ってくる。

現役アイドルにして、現役プロレスラー。

アイドルとプロレスラーの二刀流・純粋培養。

アイドルを断念した、プロレスラー。

アイドルの「踏み台」としてプロレスラーに。

細かく分類していったら、荒井優希と瑞希とでは、もうまったくの別ジャンルになってしまう。それでも、リングに上がってしまえば、そんな細かいことは関係なくなってしまうのがプロレスならではの面白さだし、本書を読んで、バックボーンの違いを頭に入れた上で観戦すれば、ちょっと変わった見え方がするのもまた、プロレスの奥深さなのである。

平成初期まではプロレスラーになるまでのキャリアで多かったのが「空手、アマレス、柔道」だった。その道を極めようとしていた少女もいれば、最初からプロレスラーになりたくて、オーディションに合格するために、そういったスポーツや格闘技を習っていた、という子も少なくなかった。

たしかにスポーツ経験者は体力もあるし、身体も大きい。格闘技をやってきていれば、いざ、リングに上がっても同期よりはおそらく強い。

ただ、それがプロレスラーとしての資質につながってくるか、と言われると、ちょっと話が違う。デビューしたばかりのときは格闘技経験者がリードしていても、気が付いたらチャンピオンやエースになっていたのは、まったくスポーツ経験のない子だった、というケースはいくらでもある。前歴に対するこだわりやプライドがある子よりも、そういったものがまるでない子のほうが柔軟にプロレスと向き合えるし、それが伸びしろにつながってくることもある。あとはもう「プロレス頭」がどれだけあるかにかかってくる。

いまでは空手よりもアマレスよりも、アイドル経験者が女子プロレスラーの前歴では圧倒的に多くなってきている。

まるっきり真逆のジャンルのようにも思えるが、たくさんの人に見られる職業という部分では同じ。そういう意味ではアイドルやタレントの仕事をしてきて、人前に立つことに慣れている、という経験値はプロレスラーとして大きな武器になる。リングで力を発揮しやすいからだ。

じつはアイドルは持久力もある。

考えてみてほしい。アイドルのコンサートは約2時間。その間、ずっと歌って踊るわけだから、相当な体力が必要になる。しかも最初から最後まで笑顔をキープしなければいけない。これはもう無尽蔵のスタミナ！　週末のコンサートであれば昼夜2回公演は当たり前だし、昼の部と夜の部のあいだに特典会に出席することもある。本人たちは意識していないが、とんでもない体力おばけになっているはずなのだ。

もちろんコンサートでは誰かに殴られることなどは絶対にないので、プロレスとは体力の減り方は大きく違ってくるが、そういう観点からもアイドルにはプロレスラーとしての素養がありがち、なのである。

ＡＫＢ48グループとハロプロ系が「共存」するリング

荒井優希が参戦する、と聞いたとき、アイドル側の人間としては、ちょっと胸がざわざわすることがあった。

すでに参戦しているアップアップガールズ（プロレス）はハロー！プロジェクトの流れ

を汲むグループ。そこにＡＫＢ48グループのメンバーが入ってくる。アイドルのステージでは、そうそう絡むことがない２大潮流がリング上で交流したら、なにか面白いものが生まれるのではないか、と。

渡辺未詩は荒井優希参戦を聞いたとき「ヤバい、ホンモノのアイドルが来ちゃう！」と焦ったそうだが、すぐに「私たちはアイドルとプロレスの両方をやる唯一無二の存在なんだから、しっかりしなくちゃ」と自分たちの在り方を改めて確認し、進むべき方向性を見つめ直すきっかけになった、と振り返る。

ちなみに荒井優希にもアップアップガールズ（プロレス）との「アイドル性の違い」を聞いてみると「言われてみれば、たしかに違いはあるのかもしれないけど、私はアイドルとしてＡＫＢ48グループでしか活動したことがないので、このグループ以外のやり方はちょっとわからない」。たしかに、これは「見る側」の一方的な思いこみであって「やる側」の観点とはまったく違うのかもしれない。

先日、ＡＫＢ48グループのメンバーとモーニング娘。'23のメンバーで対談をする機会があったので、同じことを聞いてみた。お互いに意識することはないのか、と。

即答で「ＮＯ」だった。

「周りから見たら、同じアイドルというカテゴリーなのかもしれないけど、やっていることも、さまざまなシステムもまったく違うから、もはや別モノだと思っている。お互いにリスペクトはしているけれど、だからこそライバル意識みたいなものはまったくない」

そういえば、ももいろクローバーZの佐々木彩夏が自身が主宰するアイドルフェスにAKB48グループとハロプロ系グループを招聘したことがあった。すべてのアイドルと1曲ずつコラボをしなくてはいけないのだが、ダンスが得意な彼女がリハーサルの時点で苦戦しているのがわかった。

「だってダンスの種類がまったく違うから。ステップからして違うし、使う筋肉も変わってくるから、立て続けにやったら、それはしんどいよね」

それだけ異質なアイドルが、東京女子プロレスのリングでは見事に「共存」している、ということになる。これはもうアイドルフェスを超えた奇跡の交流が、このリングでは日常的におこなわれていることを意味する。アイドルファンは見ておいて損はない。

当の本人たちは意識していなくても、いつか「荒井優希vs渡辺未詩」のタイトルマッチがビッグマッチで実現したら、メディアは「SKE48とアプガが激突」と絶対に話題にするし、世間も注目する。その瞬間こそが「プロレスとアイドル」のひとつの答えが導き出される瞬間ではないか、と密かに期待している。

TJPW TJPW
TJPW

2023年は「瑞希の年」だった

2023年12月1日。

東京女子プロレスは旗揚げ10周年を迎えた。

このご時世、10年続くというのも大変なことであるが、10年間、団体を牽引してくれた1期生が、まだまだトップ戦線でバリバリがんばっているだけでなく、11年目からの東京女子プロレスを担う次世代の選手たちがしっかりと、それも何人も育ってきている。10年目の風景としては、じつに理想的である。

その風景から誰かがポーンと飛び出してくれれば、一瞬で状況は塗り替わる。

2023年2月21日に東京ドームで注目を集めた1カ月後、瑞希がプリンセス・オブ・プリンセス王座を獲得し、春・夏・秋の3大ビッグマッチのすべてのメインイベントをシングルのタイトルマッチで任された。

最終的にベルトは落としてしまったものの、年間を通じて、高度な試合内容でメインイベントの大役を務めあげた事実は大きい。誰がどう考えても、2023年は「瑞希の年」だった。これは何年後かに振り返ったときに、間違いなく再評価されるはずだ。

パートナーの坂崎ユカが卒業してしまったことで、これからリングで迷子状態になってしまうのではないか、と心配する方もいるかもしれないが、本書の取材でも語っているよ

うに、瑞希はすでに「チャンピオンベルトを巻いていなくてもできること」を模索し始めている。もちろん、もう一度、ベルトを巻くために、だ。

再挑戦の機運が早めに起これば、２０２４年もまた「瑞希の年」になる可能性だって大いにある。

瑞希だけでなく、紆余曲折あって、ようやくリングに辿り着いているアイドル出身者は、きっと、敗北や挫折に強いのではないか、と思っている。ここまで読んでいただければわかるようにプロレスの知識なしでこの世界に飛びこんできた４人は、全員、道場での練習の段階で一度、大きな壁にブチあたっている。特に伊藤麻希は人生のどん底にまで叩き落されているわけで、それと比べれば、リング上での敗退や王座陥落は「次に勝てば、状況は一変する」という答えが見えている分、精神的にはかなり楽なはず。アイドルからプロレスラーに転身する際に受けた道場での洗礼は、目に見えない「財産」になっている。

「これからはどんどん期待してください！」

昔、女子プロレスを取材しているときには、そこまで意識していなかったのだが、アイドルの取材をするようになってから、気をつけるようになったことがある。

それは「過剰に期待してはいけない」ということ。

どうしてもスター候補生を見つけると、大きな期待をかけたくなってしまうし、メディア側の人間としては、ド派手な見出しをつけた記事でセンセーショナルに売り出したくなってしまう。

だが、プロレスラーもアイドルも人間だ。

過剰に期待をかけたことでプレッシャーに押しつぶされ、本領を発揮できなくなってしまうこともある。アイドルは一般的に何十年も続けられる職業ではないし、女子プロレスラーだって、男子と比べたら選手生命は短い。だからこそ、報じる側もしっかり配慮する必要があるな、と常々、考えている。

そういう意味では荒井優希が心配だった。

本人も「あんまり期待されたら困る」というようなことをよく口にしていたし、あんまり期待感を煽るような記事は避けたほうがいいのかな、と。

そんな彼女が２０２３年の夏ごろから「期待してほしい」と公に発言するようになった。最初は自身に言い聞かせるため口にしているのかな、と思っていたのだが、それは間違いなくファンに向けてのメッセージになっていた。

そうやって「期待してほしい」と口にするようになってから、荒井優希の試合はより自信に満ちたように見えるようになった。いや、逆なのかもしれない。自信が出てきたからこそ、ファンに堂々と「期待してほしい」と伝えることができるようになったのかも。いずれにせよ、2023年夏以降、荒井優希は明らかに進化した。

この本を出すにあたって、これだけはしっかりと本人に確認しておかなくてはいけないことがあった。

いままで出してきた記事では、ちょっとばかり遠慮してしまった部分もあるけれども、書籍となると、そういうわけにもいかないので、おもいっきり読者に期待させてしまうような文章を書いてしまってもいいのか、と。

「はい！　もう私、どんなに期待されても大丈夫なので。これからはどんどん期待してください！」

そう語る荒井優希の瞳は自信に漲りまくっていた。

伊藤麻希が拓いた道を、ジャイアントスイングでかき回せ！

アイドルからプロレスラーに本格的に転身する、というチャレンジに伊藤麻希が成功したことで、元アイドルがリングに挑戦しやすい環境が整った。

なによりも東京女子プロレスとそのファンが全面的に受け入れてくれる、ということが大きいのだが、現在も芸能活動を続けている長野じゅりあ、テレビで活躍するタレントか

らYouTubeでのチャレンジ企画を経て、正式に参戦するようになった上原わかななど、2024年にブレイクが期待される選手もたくさんいる。

当たり前の話ではあるが、彼女たちは現役の芸能人だから、プロレスラーとしてデビューした瞬間から、もうスターオーラが出まくっている。これは「プロ」にとって、どんな技よりも強力な武器になる。華やかな女子プロレスの世界は、ますますキラキラと輝く場所になっていくに違いない。

上原わかなの同期は6人もいる。

2023年末に開催されたトーナメントで優勝し、上原わかなは頭ひとつ飛び出すことになったのだが、女子プロレスがあまり元気のなかった時代には、これだけ多くの新人が同時期にデビューすることはなかったし、日々、実戦で切磋琢磨できる環境は間違いなく彼女たちの成長にブーストをかけてくれる。

実際、何度かおこなわれた同期だけによる6人タッグマッチは、第1試合だというのに、会場の盛りあがりが最高潮に達する大熱戦となった。

まだ自力初勝利を挙げていない選手にとっては同期との対戦は初白星の大チャンス。一応、3対3の闘いではあるが、もう6人全員が感情丸出しで、意地を張って闘っている。だからこそ、面白くなるし、いままでの東京女子プロレスにはなかった新しい風景を描き出してくれている。

そう、きっと、これが２０２４年からの「未知」なる道へとつながっていく。

伊藤麻希がパイオニアとして切り拓いた道は、現役の人気アイドルが参戦することで綺麗に舗装され、その道に有望株が次々と飛びこんでくるようになった。

リング上はどんどん充実していっている。あとはもっと世間の人たちが女子プロレスを見るようになってくれれば、さらに変化と進化は加速する。

渡辺未詩はかねてから夢として「加藤浩次さんをジャイアントスイングでぶん回したい！」と言い続けてきた。

かつて『めちゃ×2イケてるッ！』（フジテレビ系）で幾多の人気アイドルをジャイアントスイングでぐるぐる回してきた加藤浩次。今度は自分がアイドル代表として、お返しに回したい。それがテレビで流れれば、もっと女子プロレスが世間に認知される、と。

より効果的な方法を考えたら、まずアイドルとしてブレイクし、「じつは女子プロレスもやっているんです！」とアピールしてからの大回転になる。以前は遠い夢のように語っていたが、もはや夢ではないところまで来ている。

ジャイアントスイングで世間の空気をかき回したとき、女子プロレスの歴史もきっと変わる。その時が２０２４年にやって来るとしても、まったく不思議ではない。

もうすぐ、機は熟す！

おわりに

東京女子プロレスの本を書こう、と決めたときには、もうだいだいの構成が頭の中で完成していて、これは史上最速級のスピードで書きあげられるな、と思っていた。選手たちや団体サイドからも全面的に協力をしていただけたので、取材や撮影もじつにスムーズに進んでいった。

ところがいざ原稿を書こう、となったら、びっくりするほど筆が進まない。書く内容は決まっているのに、書き出しのフレーズがなかなか出てこない。書いては消し、書いては消しの繰り返しで、たどりついた答えがある。

東京女子プロレスとは言葉を超えた存在なのだ、と。

そう、とにかく見ればわかるのだ！

それはもう物書きとしては絶対に言ってはならない文言だけれども、本当にそれに尽きるし、表紙と巻頭を飾っている4人の撮りおろしショットがなによりも雄弁に語っている。

見ればわかる。

でも、なかなか一般層には見てもらえないのがプロレスというジャンル。

だから、なんとかたくさんの人に見てもらえるような入口を作るのがぼくたちの仕事だと思っているし、そのためにこれまでもWebを中心に記事を書いてきた。

もともと雑誌の記者と編集をやってきたので、いまだにWeb媒体はあまり慣れていないのだが、最初は「スペースは無限にあるんだから、雑誌と違っていくらでも書けるぞ!」と意気込んでいた。

しかし、仕事を進めていくうちに、そう簡単な話ではないことに気づかされる。

たしかに何万字でも書くことは可能だけれども、それではよっぽどのマニアしか読んでくれない。幅広い層に読んでほしいと思っているなら、原稿をコンパクトにまとめてほしい、という要請が編集サイドからあったのだ。

そこで提示されたのが1記事あたり2000〜2500文字という目安。最初はえーっ!となったが、じつはそんなに少ない文字数でもない。昔の『週刊プロレス』で言ったら、4ページ分の試合レポートで、だいたいこれぐらいになる。そう考えると、なるほど、これより長くなってしまったら、そんなにプロレスに興味がない人は途中で読むのを止めてしまうだろう。それ以降、その枠内で記事を書いてきた(渡辺未詩の回は熱が入りすぎて、前・中・後編の3部作になってしまったのだが……)。

今回、本を書きおろすにあたって、1選手1章という構成にした。

1章の文字数はだいたいWeb記事の10倍換算。それが4人分だから、毎週連載していれば、1年弱はかかるぐらいのボリュームになる。

そうやってWebで小出しにしながら拡散していく、というやりかたもあった。定期的に女子プロレスのニュースが躍ることは、世間への浸透にきっと役立つ。ただ、この4人に関してはちょっと違うんじゃないか、と思っていた。全員、バックボーンが独特で、アイドルからプロレスラーになっていく様子もすごく面白いのだが、みんな、現在進行形でリング上での成長物語が続いている。1年かけて過去を綴っていくよりも、いまをリアルタイムで追いかけないと、4人の成長のスピード感にはついていけない。この本を読んで、4人のうち誰かひとりでも興味を持っていただければ幸いだし、これからの物語もしっかりと書き残していきたい、と思っている。


ぼくは1989年1月4日、全日本女子プロレスの後楽園ホール大会でプロレス記者としてデビューしている。言い換えれば昭和64年1月4日。この日の記事が掲載された『週刊プロレス』が書店に並ぶときには、時代はもう平成になっていた。

コロナ禍で大々的にイベントなどができなくなってから、あまり○周年記念みたいな区切りを意識しなくなったが、2024年1月4日でちょうど記者生活35周年になる。さらにアイドルに関しても2009年から本格的に書くようになったので、こちらのキャリアも15周年。たまたまふたつのジャンルで過ごしてきた時間が区切りの年を迎えた2024

年に、ふたつのジャンルがクロスする本を書きおろすことができたのは、本当に感慨深い（もっとも、すべてを書き終わったいま、その偶然に気がついたので、後付けと言われたらそれまでなのだが……）。

昭和のクラッシュギャルズブームをファンとして会場で体感し、平成の対抗戦ブームを担当記者として最前線で追いかけてきた身としては、やっぱり「令和の女子プロレスブーム」をしっかりとこの目で見ておきたい。これだけスター選手が増えてきて、興行全体のボリュームもクオリティーも増大してきているいま、あとはちょっとしたきっかけだけだ、と感じている。

アイドルの仕事も続けている立場としては、過去にプロレスファンが大量にアイドルの現場に流入してくる現象を目撃しているので、さらに一周回って、そのファンたちがアイドルを経由して、ふたたびプロレスの試合会場に戻ってきてくれないかな、と期待している。そうやってプロレス業界も、アイドル界隈も賑わってくれれば嬉しいいし、そんな新時代のトリガーとなれるのは、本書に登場した4人だと思っている。

この本を2024年に出してよかった、と実感できるぐらい、さらなる盛りあがりがアイドル発プロレスラーの活躍によって沸き起こることを期待して筆を置きたい。

2024年1月　小島和宏

PROFILE

小島和宏（こじま かずひろ）

1968年、茨城県生まれ。1989年、大学在学中に週刊プロレスの記者としてデビュー。インディー＆女子プロレス担当として活字プロレス黄金時代を駆け抜ける。2009年ごろからアイドルの取材もスタートさせ、ももいろクローバーZやHKT48などを長年に渡り追っている。おもな著作に『ぼくの週プロ青春記』（朝日文庫）、『ももクロ×プロレス』『アイドル×プロレス』（ワニブックス）、『W☆ING流れ星伝説　星屑たちのプロレス純情青春録』（双葉社）、『FMWをつくった男たち』（彩図社）など多数。

PRODUCTION CREDIT

企画協力　株式会社Cyber Fight ／ 歌代孝正

編集協力　松本真希子

写真　松崎浩之（INTO THE LIGHT）

ブックデザイン　大橋一毅（DK）

編集　林 和弘（太田出版）、須賀美月（太田出版）

プロレスとアイドル

東京女子プロレスで交差するドキュメント

2024年2月3日　第一刷発行

著者　小島和宏

発行人　森山裕之

発行所　株式会社太田出版

〒160-8571　東京都新宿区愛住町22 第3山田ビル4F

電話 03-3359-6262

振替 00120-6-162166

ホームページ http://www.ohtabooks.com/

印刷・製本　中央精版印刷株式会社

ISBN978-4-7783-1919-9 C0095